未来の図書館、はじめます

岡本 真

青弓社

未来の図書館、はじめます　目次

装丁——神田昇和

序章
なぜ「はじめます」か？——「はじめに」に代えて

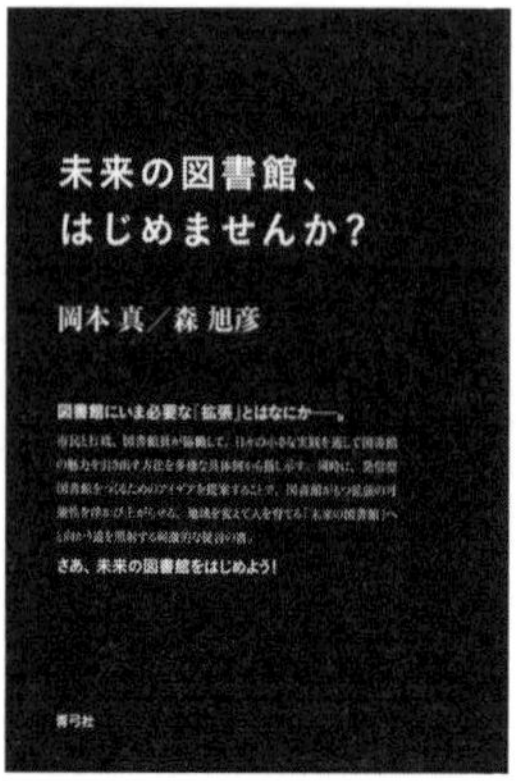

図1　岡本真／森旭彦『未来の図書館、はじめませんか？』（青弓社、2014年）の書影

前著『未来の図書館、はじめませんか？』[1]の刊行から四年がたちました。まず、前著での問いかけに応答する書名で本書を刊行する理由を最初に述べておきます。

1▼▼▼図書館プロデューサーとしての八年余

私たちは二〇〇九年にアカデミック・リソース・ガイド（以下、ＡＲＧと略記）を創業し、以来、日本各地で図書館などの公共施設をプロデュースする仕事をしてきました。その言葉が与える印象を好まないという方もいますが、一般的にはコンサルティング会社、コンサルタントという業種と見られています。とはいえ、いま「プロデュース」と書いたように（代表である私が一貫してこだわっている肩書は「プロデューサー」です）、「生み出す」こと、「創り出す」ことにこだわって仕事をしています。

さて、この仕事のキャリアも十年に迫り、私やARGが関わった図書館をはじめとする公共施設も増えてきました。

・恩納村文化情報センター（沖縄県、二〇一五年）
・日出町立図書館（大分県、二〇一五年）
・富山市立図書館本館・TOYAMAキラリ（富山県、二〇一五年）
・瀬戸内市民図書館もみわ広場（岡山県、二〇一六年）
・沖縄市立図書館（沖縄県、二〇一七年）
・気仙沼図書館（宮城県、二〇一八年）
・西ノ島町コミュニティ図書館（島根県、二〇一八年）

なお、恩納村、日出町、瀬戸内市、沖縄市の各施設には、ARGとしてではなく岡本個人として関わっています。総務省から委嘱を受けた地域情報化アドバイザーやICT地域マネージャーとして、主にIT活用に関する分野の専門家として部分的な参画ですが、実にまなびが多い貴重な経験をしました。

また、現在進行中のプロジェクトも数多くあります。主立ったものだけでも以下に列記するプロジェクトがARGの法人の業務として進んでいます。

写真1　恩納村文化情報センター

写真2　日出町立図書館

写真3　富山市立図書館本館・TOYAMA キラリ（写真：太田拓実）

写真4　瀬戸内市民図書館もみわ広場

写真5　沖縄市立図書館

写真6　西ノ島町コミュニティ図書館

・（仮称）新富谷市民図書館整備事業（宮城県、二〇二一年度開館目標）
・名取駅前地区市街地再開発事業（新名取市図書館）（宮城県、二〇一八年度開館予定）
・須賀川市民交流センター整備事業（福島県、二〇一八年度開館予定）
・柏市図書館のあり方策定支援事業（千葉県）
・松戸市立図書館あり方検討支援事業（千葉県）
・板橋区立中央図書館整備事業（東京都、二〇二〇年度開館目標）
・県立長野図書館「信州・学び創造ラボ」空間デザインコンセプト検討ワークショップ支援事業（長野県、二〇一八年度開設予定）
・（仮称）くろべ市民交流センター管理運営計画策定事業（富山県）
・新県立中央図書館基本計画策定事業（静岡県）
・松原市新図書館建設事業（大阪府、二〇一九年度開館目標）
・新智頭町立図書館整備事業（鳥取県、二〇二〇年度開館目標）
・四万十町文化的施設検討委員会ワークショップ運営支援業務（高知県）

ここに挙げた以外の取り組みは、巻末に添えた「ＡＲＧが関わった図書館整備・図書館運営支援の業務一覧」をごらんください。

すでに開館しているものから、いままさにプロジェクトが進んでいるものまで、多岐にわたって図書館のプロデュースに関わってきました。その関わり方はさまざまです。ARGでは「総合支援」「個別支援」と区分しているのですが、その事業を総合的に支援するケースもあれば、当該事業の一部分を専門的に支援するケースもあります。

2▼▼▼よくいただく相談

このようにそれなりの実績を積み上げていくと、図書館をプロデュースする企業として多少なりともプレゼンテーションを発揮し、知名度もゆるやかに上がっていきます。そうなると、少なくともARGの場合、あることが起きるようになりました。どういうことでしょうか。ちょっと想像してみてください。

いかがでしょうか。答えは「相談」が増えるということです。年間で見ますと、さまざまな立場の方々から、実に多様な相談がARGに舞い込みます。たとえば、図2のようなものが寄せられます。

さて、これらの相談を見ていくと、実は一定の類型化が可能です。わかりやすく言えば、相談者の立場ごとに分けることができます。それぞれの相談が、どのような立場からのものか想像できるでしょうか。

種明かしに進みましょう。最初の相談は、主にその自治体の市民から寄せられるものです。次は、その自治体の企画・財政担当や図書館担当の公務員から寄せられるもので、最後はその自治体の議員から寄せられるものです。

私たちＡＲＧも営利企業であり、霞を食べているわけではありません。ですので、このような相談のすべてに、手弁当でいつまでも対応するのは難しいのですが、基本的にはいずれの相談にも当初は無償で対応します。初回の打ち合わせで双方が盛り上がり、予定の時間を大幅に超過して意見交換が進むこともしばしばです。経営目線で言えば、こういった相談がすべてＡＲＧの仕事につな

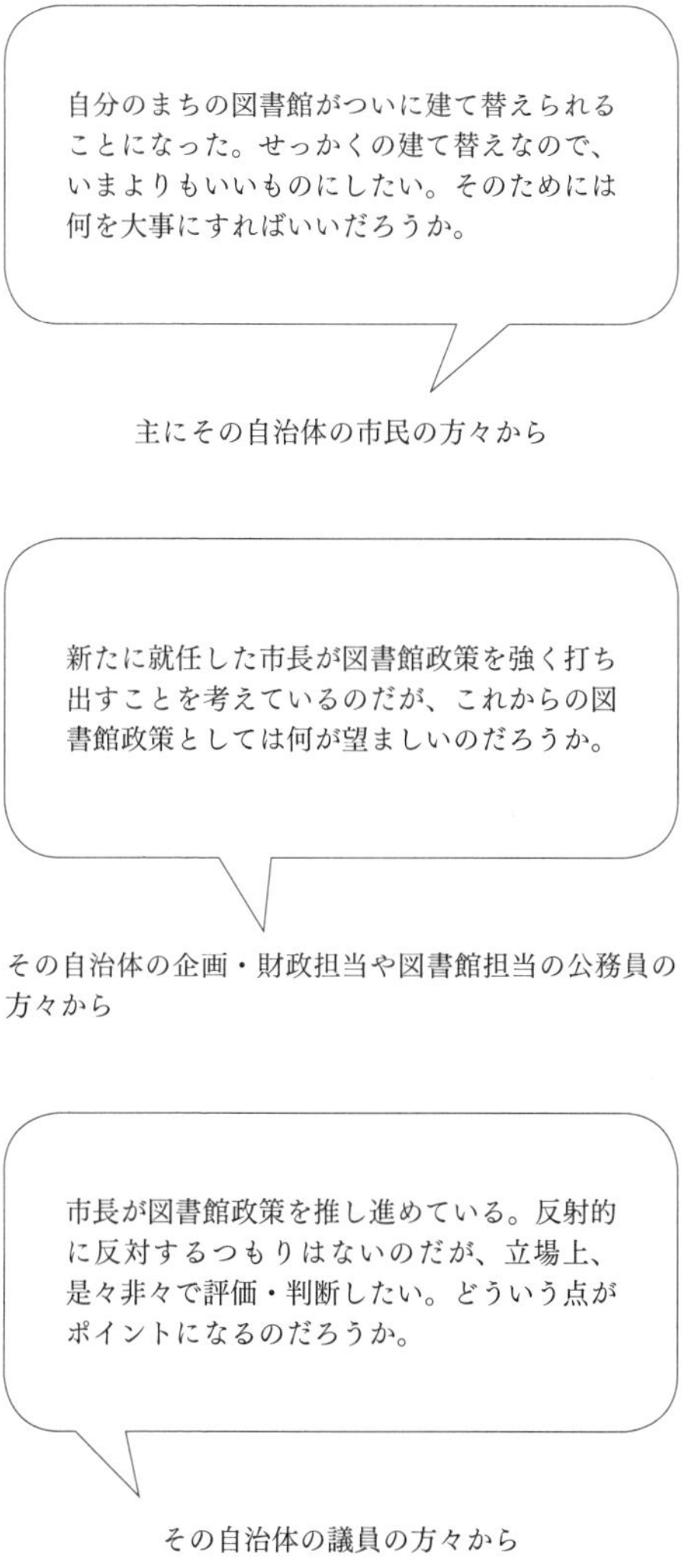
自分のまちの図書館がついに建て替えられることになった。せっかくの建て替えなので、いまよりもいいものにしたい。そのためには何を大事にすればいいだろうか。
主にその自治体の市民の方々から
新たに就任した市長が図書館政策を強く打ち出すことを考えているのだが、これからの図書館政策としては何が望ましいのだろうか。
その自治体の企画・財政担当や図書館担当の公務員の方々から
市長が図書館政策を推し進めている。反射的に反対するつもりはないのだが、立場上、是々非々で評価・判断したい。どういう点がポイントになるのだろうか。
その自治体の議員の方々から

図2　ARG に寄せられる多様な相談

がればいいのですが、そういう理想的な展開になることは実際にはほぼありません。この点は、本書でもそうならざるをえない仕組みにふれますが、ある程度、割り切ってはいます。

営利企業であるARGがこのように言っても即座に納得しかねるとは思いますが、図書館をプロデュースする私たちからすれば、図書館に関心を持つ方々が増えることは、ただそれだけで歓迎できることなのです。図書館を生み出し、創り出すことへの賛否はどうであれ、図書館への理解が社会的に深まることは望ましいと思うからです。もちろん、先々の図書館整備の事業化に際しては、ARGとしての参入の可能性を少しは期待しています。しかし、本音を言えば、一種のお勤めと思って相談にはしっかり時間をとりますし、私たちが持っている情報は出し惜しみせず提供します。

3▼▼▼図書館を考える「勘どころ」

ただ、相談対応を繰り返すなかで、あることが気になるようになりました。たいていの場合、基礎的な事柄について私たちはいつも同じ話をしているということです。少し言い方を換えましょう。いつも同じ話をせざるをえないのです。

それはなぜでしょうか。こう書くと、この先、ARGに相談するのをためらう方が出てきてしまわないか心配なのですが、要するに図書館整備という取り組みの「勘どころ」について、あまり押さえていないということです。このあとで詳しく記しますが、図書館を整備すること、言い換えれば、図書館政策には基本的な仕組みや考え方・進め方がある程度あります。こういった勘どころを押さえているかいないかで、相談の先で見つかるヒントは実は大きく変わってきます。また、私たちにとっても、相談の大元にある悩みへの処方箋が出しやすくなります。

とはいえ、勘どころを押さえていない方が悪いわけではありません。普通に考えれば、私たちARGのように、図書館プロデュースをなりわいの一つにでもしていないかぎり、その勘どころが身につくほうが不思議です。私たちも、八年ほどこの仕事に携わり、私たちなりに真剣に図書館と向き合ってきた結果、ようやく勘どころがわかってきたような気がしています。

4▼▼▼なぜ「はじめます」か？

さてここで、なぜ前著『未来の図書館、はじめませんか？』の続篇、あるいは新篇を著したのか、説明します。『未来の図書館、はじめませんか？』は二〇一四年に刊行した本で、ARGとしてプロデュースする図書館がまだ一つもオープンしていない段階で書いたものです。その時点での私の考えをまとめておくつもりで書いたのです。それからすでに四年の月日がたち、すでにごらんいただいたように、大なり小なり関わった複数の図書館がオープンしていますし、この先も続々とオープンしていきます。

この間、私たちARGは先行するさまざまな取り組みにまなび、また他分野の取り組みから刺激を受け、ここまで歩んできました。「巨人の肩に乗る」（Standing on the Shoulders of Giants）という言葉があるように、私たちの成果はＡＲＧの独力で達成されたわけではありません。多くの方々とのコミュニケーションやインタラクションがあって、なされたことです。ですから、私たちも次に続く方々やいま悩みを抱えている方々に少しでも役に立つ貢献をしたいと考えました。それが本書なのです。このあと、この八年あまりのなかでＡＲＧがまなんだことを開陳します。

とはいえ、すべてを網羅的に書き尽くしても、かえってわかりづらくもなるでしょう。そこで、実践的にして基礎的であることを重視した構成をとりました。その意味で本書にはおのずと限界がありますし、もとよりなんらかの「バイブル」になることを目指したわけでもありません。あくまで、数あるもののなかで最初に手にする杖の一つになれば十分です。特に「わがまちの図書館をどうしていこう？」と思ったとき、悩みを解決していくための「勘どころ」を指し示す杖となるような一冊にしたいと考えました。

5▼▼▼なぜ、「はじめる」なのか？

『未来の図書館、はじめませんか？』での私の考えに、基礎的にして実践的な知識を新たに加えた本書が、みなさんの悩みを解決し、次の一歩に進む杖になってほしいという私の思いはおわかりいただけたと思います。

では次に、書名に「未来の図書館、はじめます」とつけた理由についてお話しします。このタイトルにはこだわりがあります。

図書館に詳しい方々は、このタイトルが何に由来するか、おそらくおわかりになるでしょう。図書館に取り立てて詳しいわけではない方のために、まず少しだけこの話をしておきます。

図3　菅原峻『これからの図書館 新版』（晶文社、1993年）の書影

図4　菅原峻『図書館の明日をひらく』（晶文社、1999年）の書影

菅原峻《たかし》さんという方をご存じでしょうか。一九二六年生まれで、二〇一一年に亡くなりました。実は私もお目にかかったことはなく、菅原さんの本を通して一方的に知りました。菅原さんには、『これからの図書館』[2]と『図書館の明日をひらく』[3]という代表的な二冊の著書があります。私にとってこの二冊は、図書館をプロデュースするというなりわいの道を切り開くなかで、大きな指針となる本でした。

菅原さんは日本図書館協会に長らく勤め、退職後は図書館計画施設研究所という組織を発足させています。言うなれば図書館整備に公・民両方の立場で参画された人物と言えるでしょう。そのキャリアは、実に半世紀に及びます。日本の図書館のありように大きな影響を与えた方であり、賛否もありますが、その功績の大きさは無視できません。

さて、菅原さんと直接の面識がなかった私ですが、菅原さんの著作を通して受け取った強いメッセージから私は多大な影響を受けました。そのメッセージとは、「図書館はつくるものではなく、はじめるものだ」というものです。前著『未来の図書館、はじめませんか?』、本書『未来の図書館、はじめます』という書名に私がこだわる理由もここにあるのです。菅原さんから受けたメッセージはあくまで私の理解にすぎませんが、菅原さんの言葉には、彼が遺した本を通じていまでも出合えますので、関心がある方はぜひご一読ください。

図書館は完成して終わりではありません。これまで図書館がなかったわがまちに、新しくてきれいな図書館ができてよかった――では終わらないのです。図書館ははじまってからが大事なのです。私自身、仕事をしながら漠然と、しかし切実に感じていたものを言葉として示してくれたのは菅原さんでした。生前、お目にかかって感謝の気持ちを伝えられなかったことを残念に思っています。

6▼▼▼図書館をはじめるということ――「整備」と「運営」と

さて、図書館をはじめるとはどういうことでしょうか。本書の範囲で端的に言えば、それは新たに図書館を建てて、サービスをはじめることです。一般にこのようなプロセスのことを「施設整備」、図書館に引き寄せて言えば、「図書館整備」と言います。しかし、すでに述べたように、図書館は建てて終わりではありません。むしろ、そこからが本当のスタートです。つまり、「施設運営」「図書館運営」というフェーズがその次にあります。いや、むしろ「整備」と「運営」は本来一体のもので、分けて考えることはできません。実際、私たちＡＲＧの仕事では、「整備」と「運営」を断絶なくシームレスにつなぐことを最重要視しています。

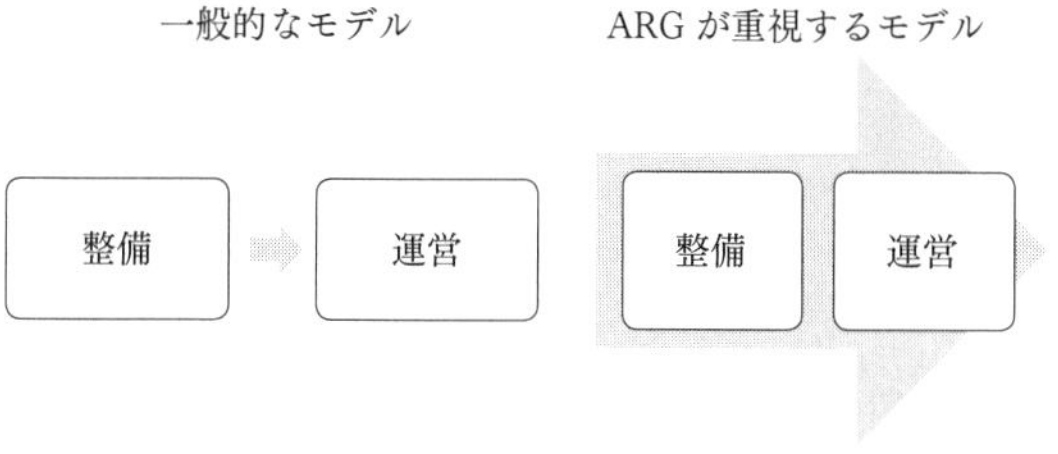

図5　「整備」と「運営」のイメージ

ですが、本書では、冒頭に述べた多数の相談・質問に一つの可能性やヒントを提供することを重視しました。ですから、「整備」から「運営」までのすべては述べません。「運営」のことを考えながらも、基本的にして実践的であることを優先し、「施設整備」「図書館整備」を中心に話を進めます。「いま図書館について考えたい」「いま図書館について考えなくてはいけない」という方々に役立つことを、まずは優先した構成になっています。無事に本書がそのような方々の役に立ったなら、さらなる続篇にして応用篇として、次は「図書館運営」により踏み込んだ一冊を書き上げることに挑戦したいと思います。

なお、前著よりも先に本書を読むという方は、巻末に付した前著の「まえがき——図書館は知の番人だ」を読んでいただいてもいいでしょう。なぜ「図書館なのか？」という疑問を持った場合は、そのほうがこの先の本論を、賛否は別にして理解しやすいかもしれません。

ともあれ、さあ本論に進みましょう。「未来の図書館、はじめます」

注

(1) 岡本真/森旭彦『未来の図書館、はじめませんか?』青弓社、二〇一四年

(2) 菅原峻『これからの図書館 新版』晶文社、一九九三年

(3) 菅原峻『図書館の明日をひらく』晶文社、一九九九年

第1章

図書館をはじめるための準備

1▼▼▼先行する知見にまなぶ

みなさんが「わがまちの図書館」を意識するようになるのは、どんなタイミングでしょうか。あるいは、どのタイミングで意識したでしょうか。市民であれば、やはり「わがまちの図書館」の政策に動きが見られたときが多いでしょうか。他方、自治体職員であれば、やはりいちばん多いタイミングは、特に新図書館の整備担当を任ぜられたときではないかと思います。

地方議会の議員はどうでしょう。特に二〇一二年度に武雄市（佐賀県）がカルチュア・コンビニエンス・クラブ（CCC）による図書館の指定管理方針を発表して以降、各地の議会で図書館に関する質問が増加しています。これは、地元の議会の議事録を検索すれば一目瞭然です。こういった背景があるので、地方議員にとっては、いまや図書館はどこかのタイミングでふれざるをえないテーマの一つになっているのかもしれません。

さて、どのような経緯であれ、図書館、特に図書館政策に関心を持った場合、どのようにまなび、そのまなびから「はじめる」ことができるのでしょうか。私たちが自信を持って言えることの一つが、先行するさまざまな知見にまなぶことです。これから紹介するのは、実際に私たちが日々実践していることでもあります。まなぶ方法はいくつもありますので、一つひとつ見ていきましょう。

2▼▼▼図書館の見学

まずは地元の図書館へ

最初は現場に出ること、現場を見ることを勧めます。まずは地元の図書館を訪ねてみましょう。市民であれば日々利用している方も多いでしょうが、一度、虚心になって見ることも大事です。その図書館が通い慣れた場所であれ、ひさしぶりに訪ねる場所であれ、あるいは実は初めて足を踏み入れる場所であれ、予断や先入観を取り払って、「曇りなき眼」でじっくりと見つめることが大切です。

ちなみに図書館を見学する場合、初回はふらっと「アポなし」で訪ねることをお勧めします。特に市民活動団体や議員の方々に言えますが、「視察」として図書館見学を予約してしまうと、当然ながら図書館を管理運営する職員は身構えてしまいます。それでは本来の、日常の姿は見えてきません。また、最初から比較の物差しを持ち込むのは避けましょう。たとえば、近隣のまちにカフェがある図書館がオープンして盛況だというニュースにふれたあとに見学に行くことを想像してみてください。ニュースに触発されて図書館に関心を持ち、図書館を見学するという順序です。

このとき、見学するみなさんの頭のなかでは、おしゃれなカフェがある図書館のほうが、わがまちの地元の図書館よりも「いいもの」だという先入観ができあがってしまっていることがあります。しかし、それは「曇りなき眼」とは言えません。地元の図書館には、カフェコーナーはないかもしれません。しかし、ちょっとした休憩コーナーがあり、そこには自動販売機が置かれていて、中高生が勉強の合間にひと息つきながら楽しく過ごしているかもしれません。その光景をどう評価するかです。それでもおしゃれなカフェがあったほうがいいと考えるかどうかは、その先の話です。まずは現時点で、実際に図書館がどう使われているのか、ニュートラルな目線でその「動態」を見定めましょう。

見学する際にぜひ意識してほしいのは、なるべく長い時間を過ごすことです。そして、平日の日中と夕刻、土・日・祝日の日中など、異なる時間帯に何度か訪れることです。いま「動態」と書きましたが、この「動態」は曜日や時間帯でまったく異なることがよくあります。ちょっと考えてみればば当然ですよね。たとえば、よほどの都市部でないかぎり、平日の日中、少なくとも小・中学校の放課後までの時間であれば、小・中学生の姿はあまり見かけません。また実働世代の姿もまばらです。他方、放課後を過ぎれば、先ほどまで人影もまばらだった図書館内が、子どもたちで埋め尽くされていても不思議ではありません。

〈図書館見学の注意点〉

1、基本的にアポなしで見学しましょう。

2、写真撮影をするときは図書館の職員に撮影可否を確認しましょう。

3、なるべく長い時間を過ごし、利用者の目線で滞在しましょう。

このように空間の使われ方の雰囲気を肌で実感しながら、もう一つ、ぜひしてほしい大事なことがあります。図書館はただの空間ではありません。図書館はその言葉のとおり、「(地)図」と「書(籍)」に象徴される情報・資料を集約した空間です。この情報・資料が使いやすい場であるかを確かめてみましょう。具体的にはどうすればいいでしょうか。べつに難しく高尚なことではありません。その日の朝にニュースで聞いた言葉、最近気になっている事柄について役立ちそうな情報・資料を、訪れた図書館で探してみましょう。たとえば、図書館に関心を持って訪ねているのですから、図書館そのものに関する情報・資料を探してみるのでもいいのです。はたして、その情報・資料は探しやすいでしょうか。また、求めている情報・資料は見つかるでしょうか。

もし見つからなくても、決して焦ることはありません。ぜひ、図書館の職員に声をかけて聞いてみましょう。「図書館に関心を持っているのだけど、図書館について詳しい資料はないでしょうか?」と。「いろいろな図書館を見学に行きたいと思っているのだけど、何かいいガイドになる資料はありますか?」と。

こういった利用者の疑問や相談に応えるのが、図書館が提供する重要な機能である「レファレンス」というサービスなのです。少なくとも公立の公共図書館であれば、仮にあなたがそのまちの住民でなくても、図書館職員はレファレンスサービスの一環として、あなたの疑問や相談に応える最善の努力をしてくれるはずです。逆に万が一、そのサービスがきちんと提供されないのであれば、それもまた図書館見学の醍醐味の一つです。つまり、その図書館の課題の一つが見て取れると言えます。

以下に、レファレンスの根拠になる図書館法第三条を参考として挙げておきます。

（図書館奉仕）

第三条　図書館は、図書館奉仕のため、土地の事情及び一般公衆の希望にそい、更に学校教育を援助し、及び家庭教育の向上に資することとなるように留意し、おおむね次に掲げる事項の実施に努めなければならない。

（略）

三　図書館の職員が図書館資料について十分な知識を持ち、その利用のための相談に応ずるようにすること。(1)

近隣・類似の自治体の図書館へ

わがまちの図書館を訪ねたあと、次は何をすればいいでしょうか。見学した感想に基づいて、さっそく図書館についてあれこれ思いをめぐらせ、ここをこうすればいいのではないか、ああしたほうがいいのではないかと考えたくなるでしょう。でも、まだわかった気にならず、ここはもう少し慎重に動きましょう。あなたが見た図書館は、まだ地元にある一つにすぎないのですから。井の中だけではなく、大海を知ってから考えをめぐらせても遅くありません。

ここは特に注意してほしい点ですが、多くの方々は自分のまちの図書館しか知らないのが普通です。しかし、その状態では、正確な理解や評価はできません。少し考えてみてください。たとえば、わがまちにとてもおいしいコーヒーとパンを出すカフェがあったとしましょう。まちの方々はそのカフェを誇りに思い、とても満足しています。もちろん、その評価は主観的には決して間違いではないでしょう。

ですが、隣町のカフェにふらっと入ってみたら、食パンはわがまちのカフェのほうがおいしいけれど、クロワッサンは隣町のカフェのほうがおいしいかもしれない──そんなふうに思うことはないでしょうか。私たちは主観だけでなく、ほかとの比較での評価、言うなれば客観的な評価もあわせて物事の価値をはかっているはずです。同じことは図書館にも言えるのです。

では、ぜひ近隣の自治体や類似した自治体の図書館も見学してみましょう。見学する段取りは地元の図書館と同じ流儀で問題ありません。ちなみにその際は、その図書館があるまちの在住・在学・在勤ではない人の利用規定を確認してみるといいでしょう。公立の公共図書館の利用規定は、各自治体の条例や規則で定められていますが、実は自治体によって案外異なります。一般的に、資料の貸出はその自治体の在住・在学・在勤者に限り、近隣の自治体の在住者には利用の門戸を開いているというケースが多いと思います。一方で、たとえば草津町（群馬県）や武雄市、恩納村（沖縄県）のように、他自治体の市民でも利用者カードを作成し、貸出サービスを利用できるというケースもあります。利用制限が少ないこのような図書館は、最近微増傾向にあります。

また、ほかの自治体の図書館を見学するうえで、近隣だけでなく、規模や歴史、産業構造などが

統計表 [編集]

- 推計人口による順位などは、各項目名にあるボタンをクリックすることで得られる。
- 人口の単位は「人」。

	順位	都道府県	市（区）	法定人口（人）	推計人口（人）	増減率（%）	種別	推計人口の統計年月日
0	0	東京都	特別区部	9,272,740	9,508,776	+2.55	特別区部	2018年4月1日
1	1	神奈川県	横浜市	3,724,844	3,731,706	+0.18	政令指定都市	2018年4月1日
2	2	大阪府	大阪市	2,691,185	2,716,989	+0.96	政令指定都市	2018年4月1日
3	3	愛知県	名古屋市	2,295,638	2,311,132	+0.67	政令指定都市	2018年4月1日
4	4	北海道	札幌市	1,952,356	1,951,523	-0.04	政令指定都市	2018年3月31日
5	5	福岡県	福岡市	1,538,681	1,570,095	+2.04	政令指定都市	2018年4月1日
6	6	兵庫県	神戸市	1,537,272	1,527,481	-0.64	政令指定都市	2018年4月1日
7	7	神奈川県	川崎市	1,475,213	1,509,887	+2.35	政令指定都市	2018年4月1日
8	8	京都府	京都市	1,475,183	1,466,937	-0.56	政令指定都市	2018年4月1日
9	9	埼玉県	さいたま市	1,263,979	1,290,029	+2.06	政令指定都市	2018年4月1日
10	10	広島県	広島市	1,194,034	1,196,875	+0.24	政令指定都市	2018年4月1日
11	11	宮城県	仙台市	1,082,159	1,088,027	+0.54	政令指定都市	2018年6月1日
12	12	千葉県	千葉市	971,882	975,669	+0.39	政令指定都市	2018年4月1日
13	13	福岡県	北九州市	961,286	945,061	-1.69	政令指定都市	2018年4月1日

図6 「Wikipedia」の一例。「日本の市の人口順位」（https://ja.wikipedia.org/wiki/「日本の市の人口順位」）

似ている自治体の図書館を訪問すると新たな気づきが得られやすいはずです。とはいえ、類似する自治体と言われても、普通はなかなか思いつきません。そのとき役に立つものの一つに、姉妹都市や友好都市があります。自分が住む自治体と協定を結んでいるこれらの都市は、なんらかの類似性を持っていることがありますので、調べてみるといいでしょう。自治体間の交流関係はインターネットを検索すればたいてい知ることができますが、よくわからない場合はそれこそ図書館のレファレンスサービスを利用すればいいのです。

もう一つの方法としては、誰でも編集できるインターネット上のフリー百科事典「Wikipedia」を使うことです。「Wikipedia」には、「日本の市の人口順位」「日本の町の人口順位」「日本の村の人口順位」という記事があります。これらの記事を見ると、人口規模から同程度の自治体名がわかりますし、記事中の自治体名をクリックすれば、その自治体が置かれている現状もある程度は把握できます。

このような方法を駆使すれば、地元の自治体に加えて近隣・類似の自治体の図書館を見比べることができ、わがまちでは当たり前だけれど、よそのまちでは当たり前ではない図書館サービスの存在に気づくでしょう。もちろん、その逆のことにも気づかされます。ここまでくると、わがまちの図書館を「はじめる」準備がかなりできてきます。この過程で周囲の方々と感想を言い合いながらお互いの気づきを共有していくと、自分だけでは気づいていなかったことにも気づくようになるでしょう。

ですが、まだ慌てることはありません。さらなる大海を知ってもいいでしょう。近隣・類似の自

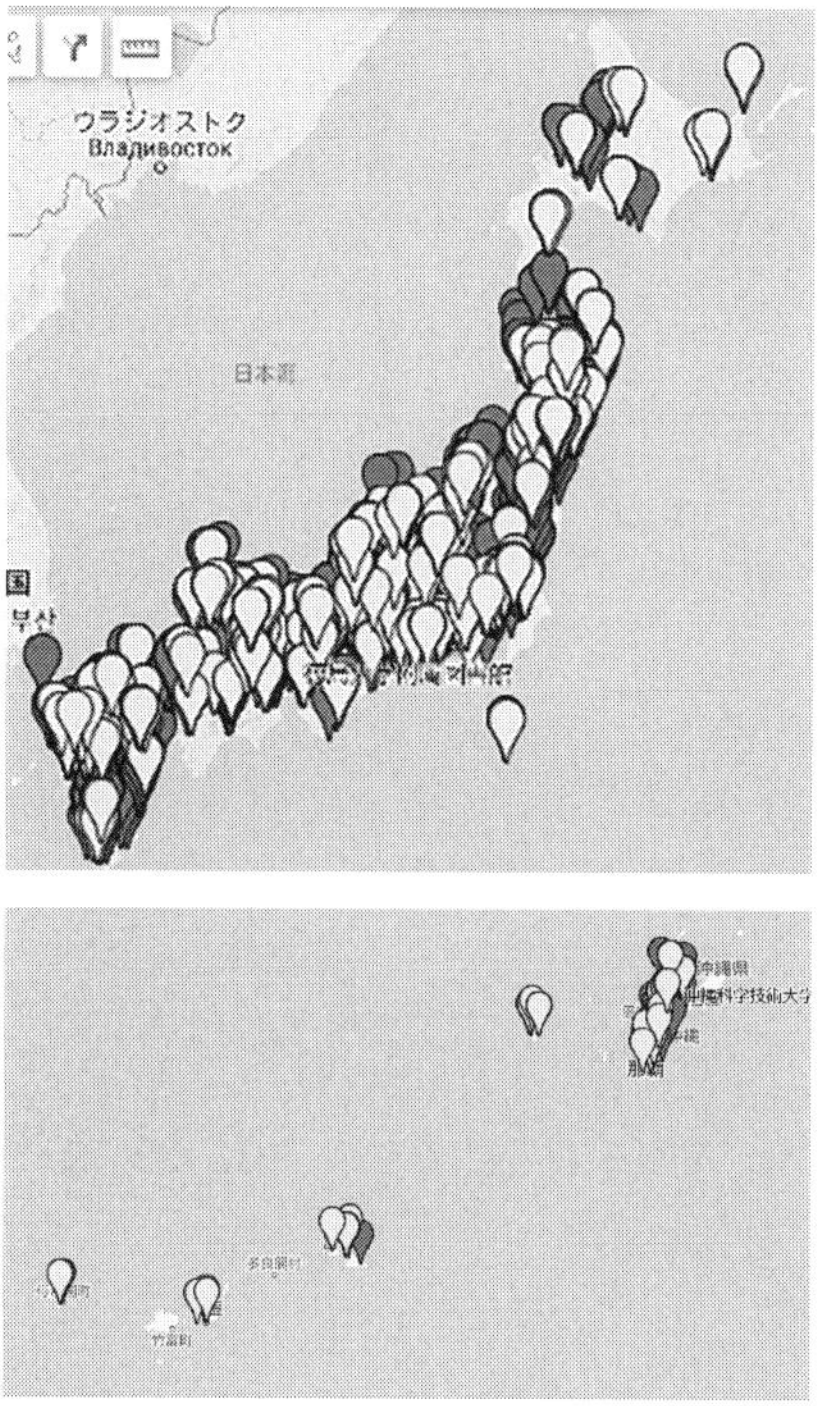

図7　実際に著者が訪問した図書館などの施設の分布図

治体の図書館以外に、気になる図書館を見つけてみてください。その図書館が遠方であれば、訪問することが難しいかもしれません。しかし、行きたくても行けない図書館についてまなぶこともできます。その方法は次節でご紹介します。

3▼▼▼さまざまな資料

書籍

図書館についてまなびたいという方に、機会があればぜひ行ってほしいと私たちが考える図書館がいくつかあります。その一つが、佐賀県の伊万里市民図書館です。しかし、九州北部に住んでいないかぎり、伊万里市を訪れるのは簡単なことではありません。では、物理的に訪問するのが難しい場合はどうすればいいのでしょうか。

答えはもうおわかりでしょう。図書館のことを書いている本書ですから当然の流れですが、伊万里市民図書館について書いてある書籍・雑誌を探しましょう。適切と思われる書籍を見つけることができなければ、まずはわがまちの図書館職員に聞いてみましょう。そう、レファレンスサービスを活用するのです。ちなみにレファレンスサービスでの対応力は、その図書館の実力、さらに言えば図書館職員の実力がきわめて明確に現れます。そのため、ときには満足がいく答えが返ってこないこともあるでしょう。でも、そこは諦めてはいけません。図書館のレファレンス力を鍛えるのは、利用者です。利用者が持ち込む質問や相談に応える努力をし続けていくことでしか、図書館のレファレンス力は上がりません。

閑話休題。では、図書館についてまずは基本をまなびたいという場合、どの本を読めばいいでし

写真7　伊万里市民図書館

図8　菅谷明子『未来をつくる図書館――ニューヨークからの報告』（岩波新書）、岩波書店、2003年

図9　猪谷千香『つながる図書館――コミュニティの核をめざす試み』（ちくま新書）、筑摩書房、2014年

ょうか。この問いには、図書館プロデュースに携わる私たちでも簡単には答えられません。それぞれの自治体の図書館政策の状況によって、答えはある程度変わってきます。とはいえ、どのような状況であれ、最低限の情報を押さえておくという意味では、入手のしやすさや読みやすさも含めると、次の二点になるでしょう。これはおそらく大勢の図書館関係者の間でも異論がないところだと思います。

・菅谷明子『未来をつくる図書館――ニューヨークからの報告』（岩波新書）、岩波書店、二〇〇三年
・猪谷千香『つながる図書館――コミュニティの核をめざす試み』（ちくま新書）、筑摩書房、二〇一四年

いずれもジャーナリストの手による新書ですが、非常に読みやすく、また実際に多く読まれています。

もちろん、図書館関係の書籍は数多く出版されていますので、この二点以外にも役に立つものは多数あります。特に日本の公共図書館整備の黄金期と言えた一九七〇年代から九〇年代にかけて出版された書籍には、名著と言えるものが少なくありません。

ただし、気をつけたい点もあります。ある時代での名著であっても、二十一世紀に入ってからの図書館政策の動向や変化を踏まえていない場合、そこを埋める知識が読者の側に必要になります。もちろん名著であるという評価は揺るがないのですが、現代に即して読み解かないと、いささか方向性を誤って理解することになりかねません。実際、この溝を埋めないままで、新図書館整備の議論をややミスリードしている事例も散見されます。

雑誌

現代の動向に沿うという点では、依然として雑誌というメディアに強みがあります。とはいえ、日本では図書館関係の雑誌はそれほど多くはありません。現状を幅広く見通す意味では、おおむね次の三誌が参考になります。

・日本図書館協会図書館雑誌編集委員会編「図書館雑誌」（月刊）、日本図書館協会、一九〇七年―

・「ＬＲＧ（ライブラリー・リソース・ガイド）」（季刊）、アカデミック・リソース・ガイド、二〇一二年―

・図書館問題研究会編「みんなの図書館」（月刊）、教育史料出版会、一九七七年―

図10　日本図書館協会図書館雑誌編集委員会編「図書館雑誌」（月刊）、日本図書館協会、1907年―

図11　「ＬＲＧ」（季刊）、アカデミック・リソース・ガイド、2012年―

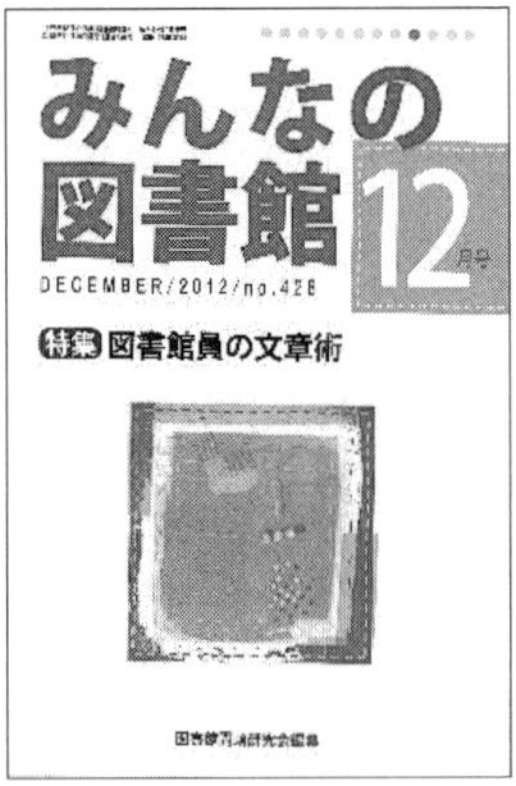

図12　図書館問題研究会編「みんなの図書館」（月刊）、教育史料出版会、1977年―

「図書館雑誌」は、日本図書館協会の雑誌です。日本図書館協会は言うなれば、図書館の業界、特に公共図書館の世界では事実上、中心的な公益法人ですので、文部科学省の政策解説なども掲載しています。記事一本あたりの文字数が少ないのですが、一年分のバックナンバーに目を通せば、昨今の図書館事情の一面は把握できます。

二点目の「ＬＲＧ」は、私たちＡＲＧが編集・発行している季刊誌です。手前味噌ではありますが、毎号明確なテーマに基づく特集記事を中心に、先ほど紹介した『つながる図書館』の著者・猪谷千香さんらによる連載が充実しています。ほかの図書館雑誌に比して、記事一本あたりのボリュームが多いという特徴があります。

三点目の「みんなの図書館」は、図書館問題研究会という図書館司書らで構成している歴史ある職能団体の機関誌です。当事者団体による機関誌という雑誌の性格を意識しておく必要はありますが、図書館の現場で働く方々による真摯な論考を多く掲載しています。

いずれも一般書店ではなかなか手に入りにくいものですが、図書館が所蔵していることが多い雑誌です。特に「図書館雑誌」は、公共図書館であればたいてい所蔵しているはずです。

報告書

ここまで書籍と雑誌を紹介しましたが、ここでは報告書についてふれます。図書館についての議論を深めていくうえで欠かすことができないのが、先ほども書いた「二十一世紀に入ってからの図書館政策の動向や変化」です。それをまなぶための書類がいくつかあります。ただ、難易度はやや高めです。その意味では、図書館にまだあまり詳しくない方は、書籍と雑誌でふれた知識にまず親しむことを重視したほうがいいと言えます。ですので、とりあえずその存在を知っておく、というくらいのスタンスで読み進めてください。

日本での公立の公共図書館政策は大きく分けて二つの次元があります。一つは、文部科学省による国政レベルでの全体的な図書館政策です。もう一つが、各都道府県・市町村による自治体レベルでの個別的な図書館政策です。このうち、国政レベルの図書館政策については、文部科学省のウェブサイトにある「図書館の振興[2]」というページに情報がまとまっています。

図13　文部科学省「地域の情報ハブとしての図書館（課題解決型の図書館を目指して）」（http://www.mext.go.jp/a_menu/shougai/tosho/houkoku/05091401/all.pdf）

図14　文部科学省「これからの図書館像――地域を支える情報拠点をめざして（報告）」（http://warp.ndl.go.jp/info:ndljp/pid/286794/www.mext.go.jp/b_menu/houdou/18/04/06032701/009.pdf）

文部科学省のページにはさまざまな報告書を掲載していますが、特に重要なのが次の二本です。

・文部科学省「地域の情報ハブとしての図書館（課題解決型の図書館を目指して）」（http://www.mext.go.jp/a_menu/shougai/tosho/houkoku/05091401.htm）

・文部科学省「これからの図書館像――地域を支える情報拠点をめざして（報告）」（http://warp.ndl.go.jp/info:ndljp/pid/286794/www.mext.go.jp/b_menu/houdou/18/04/06032701.htm）

現在の日本の図書館政策で、この二本の報告書は大きな軸をなしています。極力わかりやすくなるように配慮して書いてある報告書ですが、読み解くにはそれなりの基礎知識が必要です。したがって、一読して難しいと感じたら、いますぐに読み進める必要はありません。ただ、これらの報告書のタイトルに含まれている「地域の情報ハブとしての図書館」「課題解決型の図書館」「地域を支える情報拠点」といった言葉を覚えておくと、おそらくのちのちに合点がいくことが増えていきます。

法令

さて、報告書よりも重要なものがあります。それが各種の法令です。日本で図書館の全体像を概観するうえで、最低限知っておいたほうがいい法令が二つあります。法令の理解をより深めていこうとすると到底追いつかないのですが、図書館そのものに対象を絞るなら次のものが基本になります。

・図書館法（一九五〇年制定・施行、九九年最終改正）
・図書館の設置及び運営上の望ましい基準（二〇一二年改正・施行）

これらをどのように読み解くかについては参考になる書籍が数多くありますので、それらを手に取ってみてください。

さて、図書館への理解を深めるうえでこの二つは欠かせないわけですが、いまはまだざっと目を通しておくだけでかまいません。なお、法律を正確に理解するには、まず法学的な素養、言い換えれば法的なものの考え方（ときにリーガルマインドと呼ばれます）を身につけてからのほうが無難です。あくまで法律の理解が欠かせないと感じられるようになったタイミングでいいと思いますので、いきなり図書館法などの注釈書に手を出すのではなく、大学レベルの法学概論の平易なテキストで法の思想と体系・構造をまなんでおきましょう。

4▼▼▼実際の計画を知る

わがまちの図書館について考えるために、まずは先行する知見からまなぶことの大事さ、そしてそのための実践の方法をここまで述べてきました。こういった取り組みの次に、あるいは並行して進めたいのが、わがまちの図書館について、実際の計画を知るということです。ここではそのための基本的な方法を述べていきます。

わがまちの図書館計画を知る

すでに図書館が設置されている場合とまだ設置されていない場合で状況は異なるのですが、図書館に関する自治体（行政）の計画の有無をまず確かめます。

ここでは具体的なケースに基づいて説明します。たとえば、ＡＲＧは神奈川県横浜市に所在する企業ですので、横浜市を例に話を進めましょう。横浜市はすでに図書館が設置されていますが、もし、横浜市の図書館政策について課題や可能性を感じて、なんらかのアクションを起こそうと思ったら、まずは横浜市の図書館政策の基本になっている計画の有無を調べます。横浜市立図書館のウエブサイトを見ると、「図書館に関する情報」というコーナーがあります。ここをクリックすると「運営情報」(3) というページが出てきます。上から見ていくと、次のような見出しが並んでいます。

・広聴情報：みなさまの声
・横浜市立図書館アクションプラン

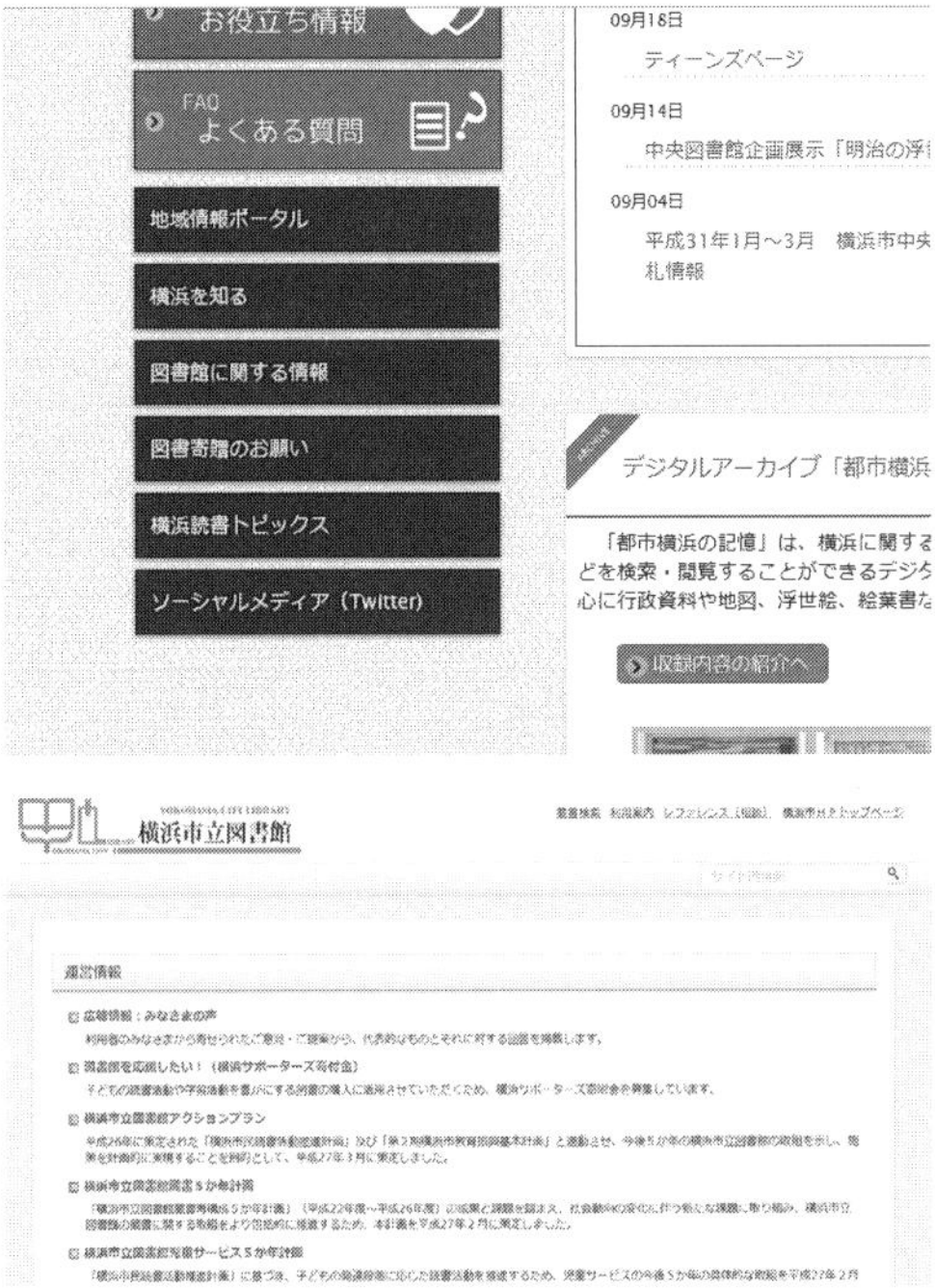

図15　横浜市立図書館のウェブサイト（http://www.city.yokohama.lg.jp/kyoiku/library/）

・横浜市立図書館蔵書五か年計画
・横浜市立図書館児童サービス五か年計画
・横浜市立図書館の目標
・横浜市の図書館（横浜市立図書館年報）
・横浜市立図書館の管理運営
・横浜市立図書館司書職人材育成計画
・横浜市立図書館資料収集基準
・横浜市立図書館個人情報保護に関する方針（プライバシーポリシー）

ここにあるもののうちの一部が、横浜市の図書館行政の計画です。具体的には、

・横浜市立図書館アクションプラン
・横浜市立図書館蔵書五か年計画
・横浜市立図書館児童サービス五か年計画
・横浜市立図書館の目標
・横浜市立図書館司書職人材育成計画

の五点が計画、あるいはそれに準じるものです。

次に、図書館がまだ設置されていないケースも同様に調べてみましょう。たとえばこれはＡＲＧが携わっているケースですが、宮城県富谷市のウェブサイトにある「富谷市次世代型図書館づくりに向けた取組みについて」というページです。このページを見てみると「平成二十九年度の取り組みについて」という見出しがあり、そこにはその年度に新図書館整備に向けておこなったさまざまな事業の記録が掲載されていて、そのなかに「(仮称) 新富谷市民図書館整備基本構想(4)」があります。これがまさに富谷市での新図書館の計画です。

これらの計画は、いまの時代、自治体のウェブサイトにたいてい掲載されていますので、まずは地元の自治体のウェブサイトをよく見てみましょう。見つけにくい場合は、検索エンジンで「自治体名」「図書館」「計画」の三つをキーワードにして検索すれば、求める情報が出てきます。

さて、このようにして計画を見つけたら、まずは徹底的に読み込んでみましょう。このプロセスは、図書館に関心を持つのであれば、どの立場にある人にとっても非常に大事なことです。ＡＲＧにご相談いただく際、こういった計画の存在を知らない方や、存在は知っていても読んでいないという方がいます。そしてときには計画の存在を無視した、自身の主張を通すためだけの相談も残念ながらあります。

しかし、自治体の行政はこのような計画に基づき、手順を踏んで進んでいきます。したがって、この手順をきちんと踏まえないと、どんなに主張や見解がいいものであっても、その声が行政に届くとは普通は考えにくいのです。言い換えれば、きちんと計画を読み込んでおけば、自分たちの考える理想を計画に反映することも決して不可能ではありません。

さて、実際に計画を読み込んでいくと、なぜこのような計画ができたのか、あるいはどのような経緯でこの計画ができたのか、不思議に思うこともあるでしょう。その際は、その計画がつくられたプロセスに関する情報を探します。次章で詳しく述べますが、一般的な図書館の計画策定プロセスでは、その自治体から委嘱を受けた委員による委員会審議や市民参加型のワークショップを経て、計画が策定されます。たいていの自治体では、昨今、そのプロセスの情報をウェブサイトに掲載しています。委員会の議事録やワークショップの実施記録といったものです。これらの資料が、計画の末尾に資料として添付されていることもよくあります。

もし、ウェブサイトで公開されていなければ、その自治体に問い合わせてみてください。ウェブサイトでは非公開でも紙媒体の資料としては公開していることもありますし、原則非公開であれば、情報公開制度を使って公開請求することも可能です。また、そこまでしなくても、地元の公共図書館の行政資料コーナーに置かれていることも少なくありません。

上位計画を知る

いま見てきたような図書館行政の計画を、行政では一般的に個別計画書と言います。これとは別に、上位計画と言われるものがあります。念には念を入れて、こういった上位計画も探してみましょう。上位計画としては、一般的には総合計画、教育大綱、生涯学習計画などがあります。総合計画を除けば、これらの計画には絶対的に決まった名称はなく、各自治体ごとに名称がさまざまであることに注意が必要です。

これらのうち、まず大事なのが総合計画です。総合計画は基本構想・基本計画・実施計画の三本立てで構成されているのが一般的です。このなかの基本構想は、一九六九年から二〇一一年まで地方自治法によって、自治体が策定することを義務づけられていました。法改正によって現在では策定義務はなくなっていますが、いまでも多くの自治体で策定されています。

総合計画はその自治体の行政が大前提とする大本の計画であり、言ってみれば自治体政策の見取り図です。図書館政策について大きな動きを予定している自治体では、たいてい総合計画にも図書館について記述があります。総合計画の基本構想・基本計画・実施計画を読み込んでいくと、その自治体で将来、いつごろに図書館に関する大きな動き、たとえば新館建て替えを予定しているかがわかるのです。

ちなみに私たちARGでは、千七百十八あるすべての自治体の総合計画を読み込み、どの自治体がいつごろ、図書館の新築や大幅な増改築を予定しているかを把握するようにしています。

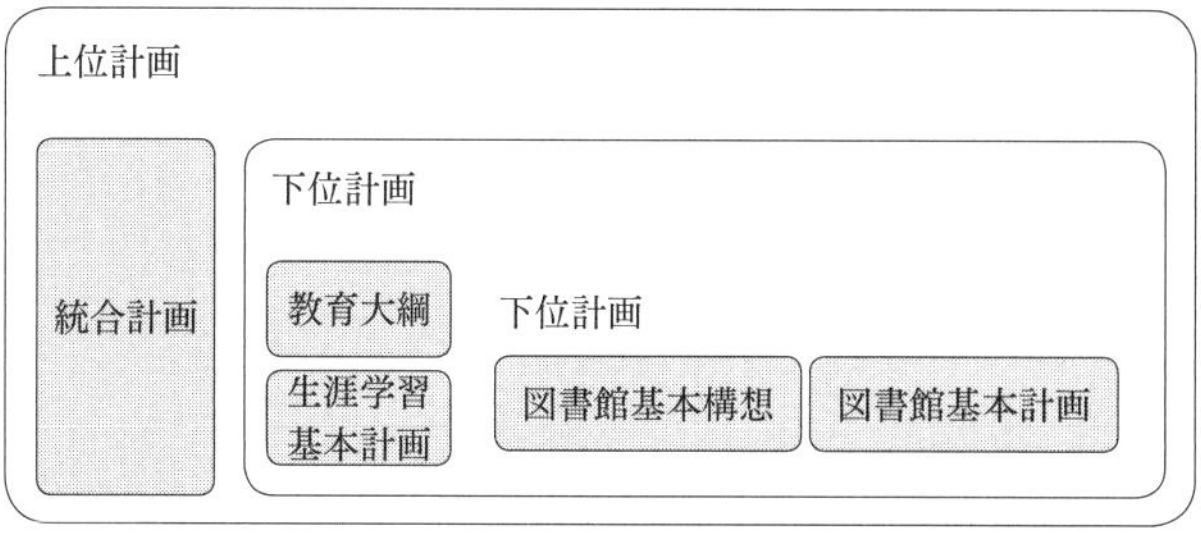

図16　各計画の関係性

関連計画を知る

いま見た上位計画は、その名のとおり図書館の個別計画のうえにあるもので、図書館の各種計画は上位計画に依拠し、上位計画と矛盾し

都道	市町村	案件区	案件名	内容	執行時期	プロポーザル公告	計上予算
岩手県	花巻市	PPP	都市再生推進事業（UR都市機構と「まちづくりの推進に関する協定」に基づく立地適正化計画における図書館整備）		2017年4月以降		283,531,000
宮城県	柴田町	基本構想・基本計画	柴田町新図書館	場所は現在の図書館の北側で、事業費は12億8000万円、開館は2026年4月と想定する。敷地面積が5265平米、建物の延べ床面積は3000平米で、蔵書は20万冊以上を見込む。 　建物を木造で新築した場合、建設費が12億円で備品費は8000万円。財源は起債が5億8000万円、一般財源が4億5000万円で、国の補助金は2億5000万円となる見通し。 　2020～21年度に基本構想と基本計画、22～23年度に実施計画をそれぞれ策定するほか、23～25年度に建設工事を実施する予定。	2020～2012年に基本構想、基本計画		2018年度 50万円 新図書館整備調査
山形県	長井市	PFI導入可能性調査		2018年度下期に公共複合施設整備のPPP／PFI導入可能性調査業務を発注。既存の市立図書館と、子育ての相談窓口や保護者の交流施設となる子育て世代活動支援センターを複合化し、幅広い世代が交流可能な拠点施設を整備することで、同市の都市機能の向上と中心市街地のにぎわい創出につなげる	2018年4月に公告		
福島県	三春町	基本・実施設計	役場庁舎及び周辺関連施設整備		2017年4月以降		40,300,000
茨城県	ひたちなか市	基本計画	中央図書館整備基本計画策定業務				6500000
千葉県	浦安市	1. 実施設計 2. 基本構想	1. 中央図書館大規模改修事業（実施設計） 2.（仮称）浦安市子ども図書館基本構想策定支援業務		2018年4月以降		1. 3億3544万円 2. 876万円
東京都	多摩市	基本計画	多摩市立図書館本館再構築事業（多摩中央公園内） http://www.city.tama.lg.jp/0000006046.html	平成29年度に基本構想策定。平成30年度以降、基本計画に入る予定。 http://www.city.tama.lg.jp/cmsfiles/contents/0000004/4358/hajimeni.pdf	2017年2月に策定された「基本構想」を踏まえて、図書館全館のサービス、資料、運営や中央図書館がどうあるべきか、中央図書館の施設計画等にについて検討し、5月までに素案をまとめていく予定。その後、市民フォーラムやパブリックコメントなどを踏まえて、8月には計画を策定。		
神奈川県	小田原市	PPP	小田原駅東口お城通り地区再開発事業				

図17　ARG の内部資料として作成・管理している全自治体の図書館整備計画の一覧表

ないようにつくられます。ですから、たとえば総合計画で図書館の一部廃止を謳っているのに、下位計画である図書館の計画で図書館のさらなる増設を提示しているということはありえません。

　他方、このような上下関係がある計画とは異なり、関連計画と言えるものがあります。上位計画のように図書館計画を大きく制約するものではなく、文字どおり関連する部分がある計画です。このような関連計画にはさまざまなパターンがありますが、昨今、重要性を増しているのが、公共施設等総合管理計画です。この計画は二〇一四年に総務省が各自治体に策定を求めたもので、日本全体で老朽化が見られる公共施設（上下水道や道路、橋梁のような土木設備と図書館や公民館といった公共施設すべて）の今後の管理の見通しを定めるものです。すでにほとんどの自治体で策

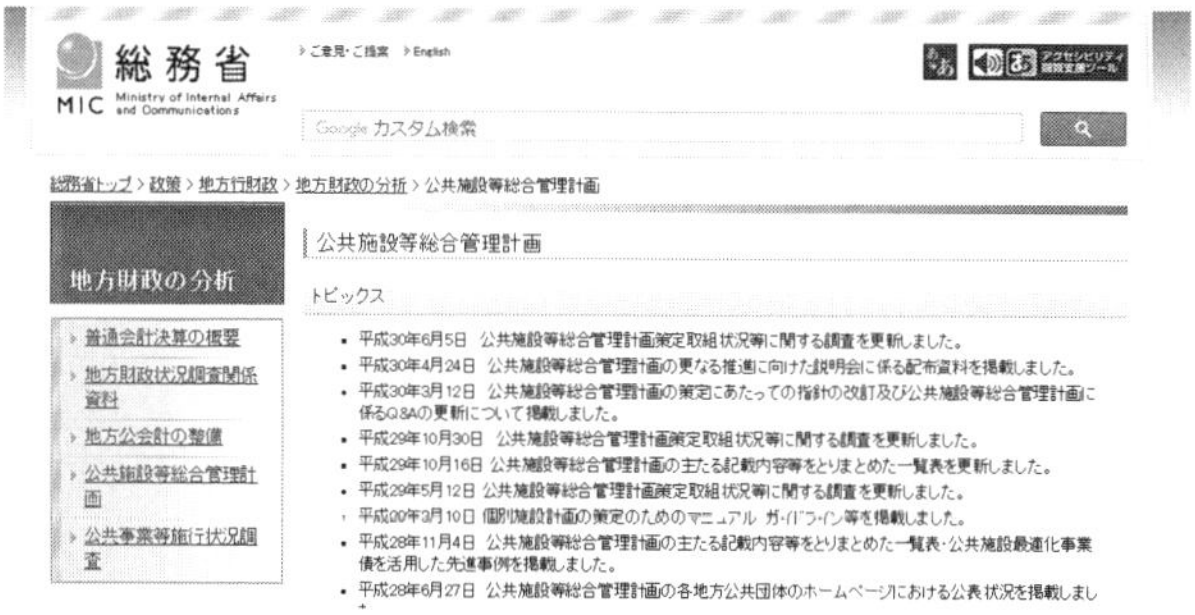

図18　「公共施設等総合管理計画」（http://www.soumu.go.jp/iken/koushinhiyou.html）

定が完了しています。

この公共施設等総合管理計画では、実は図書館が非常に注目されています。少子・高齢化に伴う財源減少と社会保障費の増加によって、多くの自治体は財政運営が困難になっているわけですが、この状況下で図書館や公民館は積極的に削減していく対象として例示されているからです。こう聞くと、図書館が窮地に立たされているように思えますが、状況は自治体によって異なります。

この計画の策定にあたっては、多くの自治体が住民の意向調査を慎重におこなっていて、その結果、むしろきちんと残していくべき施設として図書館は上位の支持を集めてもいます。そして、築年数からくる耐用年数が限界を迎えつつある図書館については、建て替え方針を示している自治体も少なくありません。こういった事情があるので、上位計画である総合計画と並んで、関連計画である公共施設等総合管理計画も注意深く読み込んでおく必要があるのです。

議会での議論を知る

以上のように計画の内容を一通り把握したら、次はその自治

図19 「名取市議会会議録」（http://www.city.natori.miyagi.dbsr.jp/index.php/）

体の地方議会で計画がどのように議論されているのかを調べていきましょう。この点は議会議事録がウェブ公開されるようになり、しかも多くの自治体ではキーワード検索ができるようになっていますので、非常に簡単な作業です。

具体的に見てみましょう。たとえば、私が新図書館建設に関するアドバイザーになっている宮城県の名取市のケースです。「名取市議会会議録」[5]のウェブサイトのトップにある「かんたん検索」に、「図書館」という単語を入れて検索してみましょう。すると、三百件近くの検索結果が出てきます。名取市議会の会議録検索には一九九六年以降、約二十年分の会議録が収められています。つまり、年間で十五件ほど、図書館に関する議会質問と答弁がなされていることがわかります。少し手間ではありますが、こういった会議録を一つひとつ読み進めていきます。そうすると、いまある図書館の計画に対して、議員はどのように考えているのか、逆に答弁に立つ首長や行政側はどのような考えを持っているのかが見えてくるのです。

なお、人口規模や財政規模が小さい自治体の場合は、このような会議録がウェブ公開されていないことがあります。またウェブ公開されていても会議録ごとにＰＤＦファイルがアップされているケースや、議会の開催ごとに出される「議会だより」にダイジェストが収録されているだけというケースがあります。この場合は地道に読み込むしかありません。いずれにせよ、地方議会であっても会議録の作成は地方自治法に基づく義務になっていますので、会議録が存在しないということはありえません。デジタルの会議録がなくても、紙版の会議録は必ず存在しますので、それこそ図書館で調べてみてください。

5▼▼▼図書館をはじめる準備を終えて

ここまでいかがだったでしょうか。このまま先に読み進めていただいてもかまいません。ただ、もしあなたがすでにわがまちの図書館のあり方について、具体的になんらかの課題や問題を意識しているのであれば、一回立ち止まってみてもいいでしょう。つまり、本章でまとめた準備を実際にしてみるのも悪くありません。読み進めても立ち止まっても、どちらでもかまいません。いまのあなたに必要なほうを選んでください。

それでは、続く第2章では図書館整備の状況的な背景と課題を説明していきましょう。

注

（1）「図書館法（昭和二十五年法律第百十八号）第三条」（http://elaws.e-gov.go.jp/search/elawsSearch/elaws_search/lsg0500/detail?lawId=325AC0000000118&openerCode=1#9）［二〇一八年八月二十一日アクセス］

（2）文部科学省「図書館の振興」（http://www.mext.go.jp/a_menu/shougai/tosho/index.htm#houkoku）［二〇一八年八月二十一日アクセス］

（3）横浜市立図書館「運営情報」（http://www.city.yokohama.lg.jp/kyoiku/library/unei/）［二〇一八年八月二十一日アクセス］

（4）富谷市「（仮称）新富谷市民図書館整備基本構想」（https://www.tomiya-city.miyagi.jp/uploaded/attachment/7279.pdf）［二〇一八年八月二十一日アクセス］

（5）「名取市議会会議録」（http://www.city.natori.miyagi.dbsr.jp/index.php/）［二〇一八年八月二十一日アクセス］

第2章 図書館整備の背景・課題

1▼▼▼図書館整備の背景

図書館整備の動向

図書館整備計画の増減

さて、まず質問です。近年、およそこの五年間ほどですが、日本で図書館を新たに整備する計画は増えているでしょうか、反対に減っているでしょうか。

図書館数の増減に関しては、いくつかの統計があります。その一つは、毎年まとめられる『日本の図書館』(1)に掲載されているもので、日本図書館協会のウェブサイトにも一部のデータを掲載しています。もう一つは文部科学省による「社会教育調査」(2)で、こちらは三年に一度、データが更新されていて、同調査のページから調査の概要や詳細にアクセスできます。「図書館統計」や「社会教育調査」で検索してみてください。

ただし、これらのデータはあくまで設置されている図書館数をベースにしたものです。いま知りたいのは、まだ設置には至っていない計画の増減です。答えは――「増加」です。正確な統計はないのですが、図書館の整備計画は明らかにこの五年ほどで顕著に増えています。実際、第1章でふれたように、ARGでは力業といえる方法でこれからの整備計画数を悉皆調査したのですが、約千

図20　日本図書館協会図書館調査事業委員会編『日本の図書館——統計と名簿』（日本図書館協会、1953年—）の書影（2017年版）

図21　文部科学省「社会教育調査」（http://www.mext.go.jp/b_menu/toukei/chousa02/shakai/index.htm）

七百ある自治体のうち、実に三百ほどの自治体が程度の差はあるものの一定の整備計画を有しています。

武雄市図書館の功績

増加の理由はいくつかありますが、一つふれておかなければいけないのは、二〇一三年の武雄市図書館のリニューアルオープンでしょう。武雄市図書館の是非をめぐっては、いまだに議論があるところです。武雄市の取り組みについては、その功績と課題について、両面から語られなくてはなりませんが、功績の部分は軽んじられている傾向があると感じています。

武雄市図書館は確実に自治体の政策立案者、つまり首長や議員に大きな影響を与えました。武雄市に追随する／しないにかかわらず、日本の地方政治家の視線を図書館政策に向けさせたという功績は正当に評価されるべきだと思います。事実、武雄市図書館のリニューアルとその前後に起きたさまざまな騒

写真8　武雄市図書館・武雄市こども図書館の全景

動を受けて、各地の地方議会で図書館に関する質問と首長・教育長による答弁が頻出しました。これは、地方議会の会議録を読んでみれば、誰もが実感せざるをえないでしょう。

私たち図書館プロデュースに関わる立場からすると、実際、武雄市図書館への注目は確実に各自治体で図書館政策への関心を高め、実際、新たに図書館政策が動きだしていると強く感じます。

武雄以前からの動向

もちろん、自治体の図書館政策への関心は、武雄市だけの功績ではありません。実際、長崎市立図書館（二〇〇八年開館）、くまもと森都心プラザ図書館（二〇一一年開館）のように、武雄市図書館のリニューアル以前から、年間の利用者数が百万人を超える新図書館は存在していました。これらの新図書館の取り組みは、図書館という施設が「まちづくりの核」として有用ではないかという期待を抱かせるのに十分な成功を収めていたと言っていいでしょう。

とはいえ、長崎市や熊本市の成功は、まだ一部の自治体関係者や図書館関係者に注目されていたにすぎず、やはり武雄市の取り組みは一面では評価しなくてはいけません。なお、武雄市図書館批判を期待する方もいるかもしれ

写真10　くまもと森都心プラザ図書館

写真9　長崎市立図書館

ませんが、武雄市図書館の功罪を直接的に論じることは、本書の目的ではありません。

まちづくりと図書館という設定

「まちづくりの核」としての図書館政策

さて、このような動向を背景の一つとして、「まちづくりの核」としての図書館政策への期待が高まり、事実、図書館整備の計画が増えています。計画の実態としては、次のパターンに分かれます。

・既存の施設の全面的な建て替え（別の場所への移転や現在地での建て替え）
・既存の施設の改修やリノベーションによるリニューアル、別用途の既存施設への移転
・図書館未設置自治体による図書館の初設置（基本的には全面的な新設）

「図書館はまちづくりの核」という認識の広がりについては、ARGに相談にくる自治体職員の所属が図書館を所管する教育委員会だ

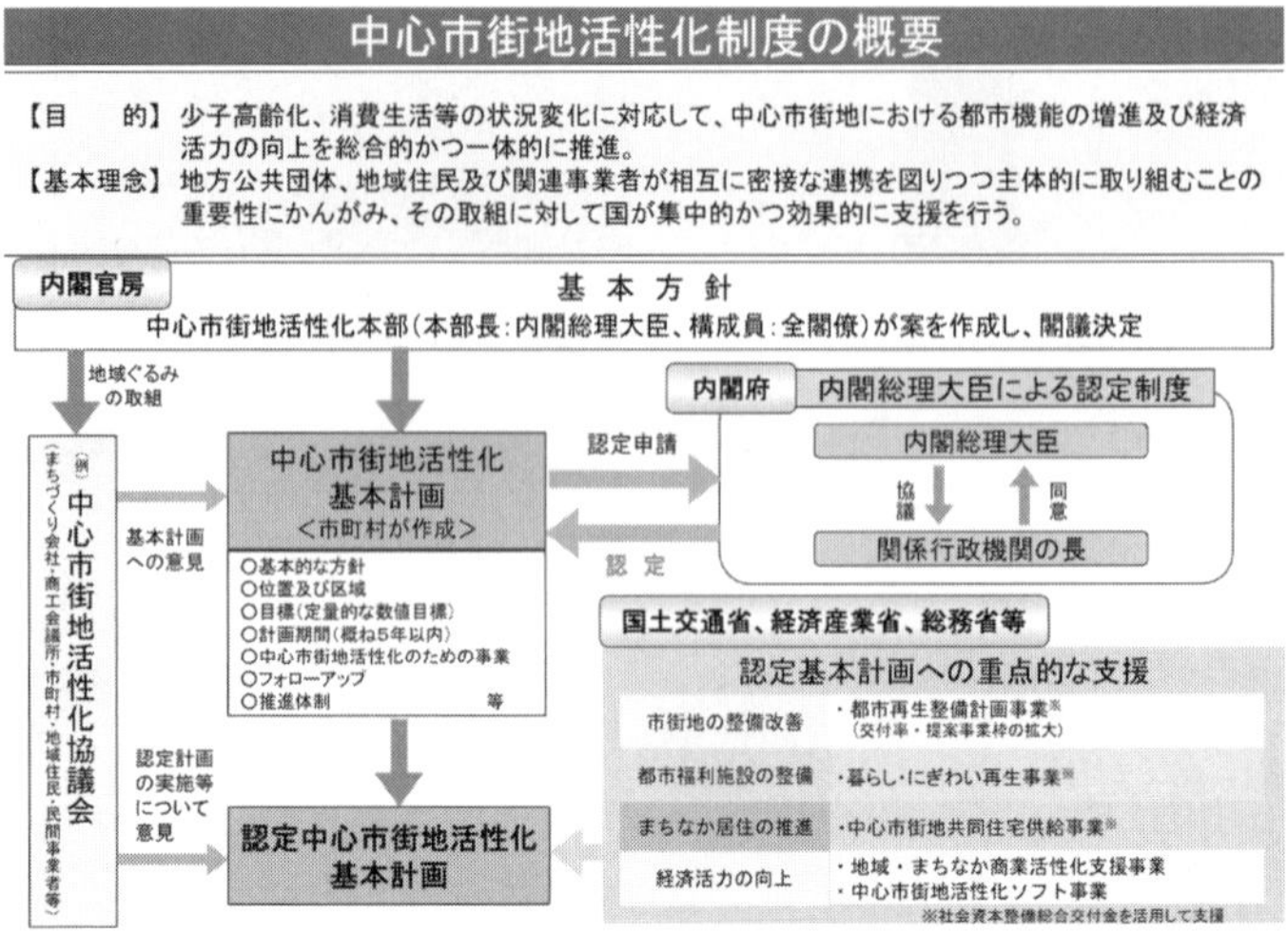

図22　「中心市街地活性化制度の概要」
（出典：「内閣府地方創生推進事務局」〔https://www.kantei.go.jp/jp/singi/tiiki/chukatu/pdf/chukatu_gaiyo.pdf〕［2018年8月21日アクセス］）

けでなく、企画政策課、まちづくり課、中心市街地活性化対策室などであることにも現れています。

「中心市街地活性化」と図書館

ちなみに「まちづくりと図書館」という組み合わせで真っ先にあがってくるのが、「中心市街地活性化」というキーワードです。これは、各自治体の中心市街地を活性化するための政策支援として一九九八年に制定された改正都市計画法・大規模小売店舗立地法・中心市街地活性化法という三つの法律、いわゆるまちづくり三法に基づくものです。

この制度を手短に説明すると、国の中心市街地活性化本部が示した基本方針にのっとって、各自治体が中心市街地活性化基本計画を策定します。この計画を内閣府が認定すると、国土交通省や経済産業省、総務省などから交付金の形で計画実現への経済的な支援がおこなわれます。

この制度は図書館整備でも用いられることがあり、たとえば現在進行中の広島県三原市の図書館整備は中心市街地活性化の一環です。また、すでに新図書館がオープンしていますが、兵庫県の明

写真11　沖縄市立図書館

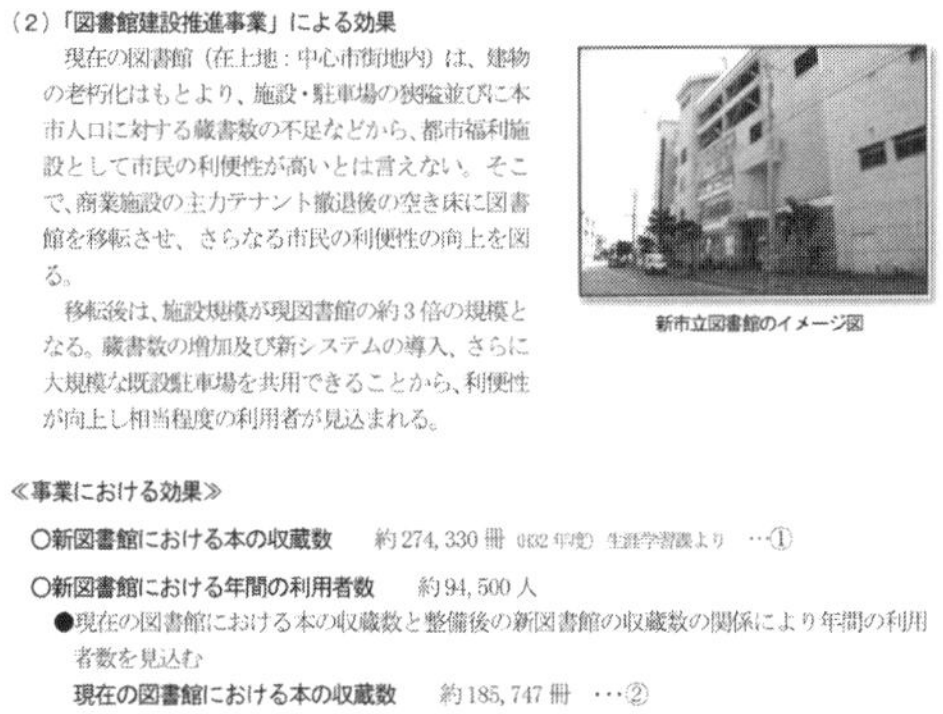

（2）「図書館建設推進事業」による効果

現在の図書館（在上地：中心市街地内）は、建物の老朽化はもとより、施設・駐車場の狭隘並びに本市人口に対する蔵書数の不足などから、都市福利施設として市民の利便性が高いとは言えない。そこで、商業施設の主力テナント撤退後の空き床に図書館を移転させ、さらなる市民の利便性の向上を図る。

移転後は、施設規模が現図書館の約3倍の規模となる。蔵書数の増加及び新システムの導入、さらに大規模な既設駐車場を共用できることから、利便性が向上し相当程度の利用者が見込まれる。

新市立図書館のイメージ図

≪事業における効果≫

○新図書館における本の収蔵数　　約274,330冊（H32年度）生涯学習課より　…①

○新図書館における年間の利用者数　　約94,500人

●現在の図書館における本の収蔵数と整備後の新図書館の収蔵数の関係により年間の利用者数を見込む

現在の図書館における本の収蔵数　　約185,747冊　…②

図23　沖縄県沖縄市「沖縄市中心市街地活性化基本計画（平成28年度―平成32年度）」「沖縄市中心市街地活性化基本計画〈全体版〉」沖縄県沖縄市、2016年（https://www.city.okinawa.okinawa.jp/userfiles/oki036/files/180323_tyuukatukeikaku.pdf）

首相官邸
内閣府地方創生推進事務局
検索
TOP　施策　会議等開催状況　提案・申請・認定・評価　関連法令・閣議決定等　地方創生に係る相談
首相官邸トップ > 会議等一覧 > 地方創生推進事務局 > 中心市街地活性化 > 認定された中心市街地活性化基本計画 > 一覧

	認定日	市町村名	計画名	
1	平成19年2月8日	富山市（富山県）	富山市中心市街地活性化基本計画	概要
2	平成19年2月8日	青森市（青森県）	青森市中心市街地活性化基本計画	概要
3	平成19年5月28日	久慈市（岩手県）	久慈市中心市街地活性化基本計画	概要
4	平成19年5月28日	金沢市（石川県）	金沢市中心市街地活性化基本計画	概要
5	平成19年5月28日	岐阜市（岐阜県）	岐阜市中心市街地活性化基本計画	概要
6	平成19年5月28日	府中市（広島県）	府中市中心市街地活性化基本計画	概要
7	平成19年5月28日	山口市（山口県）	山口市中心市街地活性化基本計画	概要
8	平成19年5月28日	高松市（香川県）	高松市中心市街地活性化基本計画	概要
9	平成19年5月28日	熊本市（熊本地区）（熊本県）	熊本市（熊本地区）中心市街地活性化基本計画	概要
10	平成19年5月28日	八代市（熊本県）	八代市中心市街地活性化基本計画	概要
11	平成19年5月28日	豊後高田市（大分県）	豊後高田市中心市街地活性化基本計画	概要
12	平成19年5月28日	長野市（長野県）	長野市中心市街地活性化基本計画	概要
13	平成19年5月28日	宮崎市（宮崎県）	宮崎市中心市街地活性化基本計画	概要
14	平成19年8月27日	帯広市（北海道）	帯広市中心市街地活性化基本計画	概要
15	平成19年8月27日	砂川市（北海道）	砂川市中心市街地活性化基本計画	概要
16	平成19年8月27日	千葉市（千葉県）	千葉市中心市街地活性化基本計画	概要

国家戦略特区
総合特区
構造改革特区
地域再生
中心市街地活性化
都市再生・近未来技術
環境モデル都市・環境未来都市・SDGs未来都市
産業遺産の世界遺産登録推進
地方創生コンシェルジュ（相談窓口）

図24　内閣府地方創生推進事務局「認定された中心市街地活性化基本計画 一覧」（https://www.kantei.go.jp/jp/singi/tiiki/chukatu/list.html）

石市や沖縄県の沖縄市でも中心市街地活性化の一環として、図書館が整備されています。ちなみに沖縄市の新図書館には、私も主にＩＴ面の個別支援として関わっています。

　こうした各地の中心市街地活性化計画のうち、内閣府に認定された計画は百四十二市二町で二百二十五の数にのぼり、いずれも内閣府のウェブサイトで内容を確認できます（二〇一八年八月時点）。

中心市街地活性化と図書館の組み合わせの功罪

　さて、中心市街地活性化基本計画にふれたのには理由があります。というのも、この制度を使って図書館を整備するのは容易なことではないからです。国費による補助が出るのは自治体にとっては魅力です。しかし、いくつかの自治体の計画を読み込めばわかりますが、中心市街地活性化基本計画を策定し、内閣府の認定を受けて実際に事業を遂行するには、相当の年月を要します。また、すべての計画がそうではありませんが、いまの時代からすれば疑問に思うような大規模開発に発展している計画もあるのです。

まちづくりの核に図書館を据えるのは、ときとして中心市街地活性化計画の核に図書館を据えることにもなります。それがいい場合もありますし、一方で図書館にとっても中心市街地活性化計画にとってもいいことにはならない場合もありえます。個別の自治体の実情を踏まえないと、その是非の最終的な判断は難しいのですが、中心市街地活性化計画が図書館にとって常に福音となるものではないことは強く訴えておきたいことの一つです。

人口獲得という空前の地方政策

「消滅可能性都市」の衝撃

いま、図書館という施設が注目を集めているのは、中心市街地を活性化するための手法としてではなく、人口獲得のための仕掛けとしてではないかと思います。かねてから予測されてきたことではありますが、日本は史上類を見ない少子・高齢化時代のまっただなかにあります。

この事実は二〇一四年に「消滅可能性都市」というセンセーショナルな言葉で、あらためて私たちに突き付けられました。民間団体である日本創成会議の人口減少問題検討分科会は、一四年五月に「成長を続ける21世紀のために「ストップ少子化・地方元気戦略」(3)」を発表し、そのなかで四〇年の人口推計を示しています。推計の仕方については異論も出されていますが、この調査は五百以上の自治体が人口減少によって文字どおり消滅する可能性を提起し、その反響は大きいものでした。詳しい内容は、増田寛也編著『地方消滅』(4)を参照してください。

この推計が、起こりうる未来をどこまで正確に予測しているかは別にしても、「まちが消える」

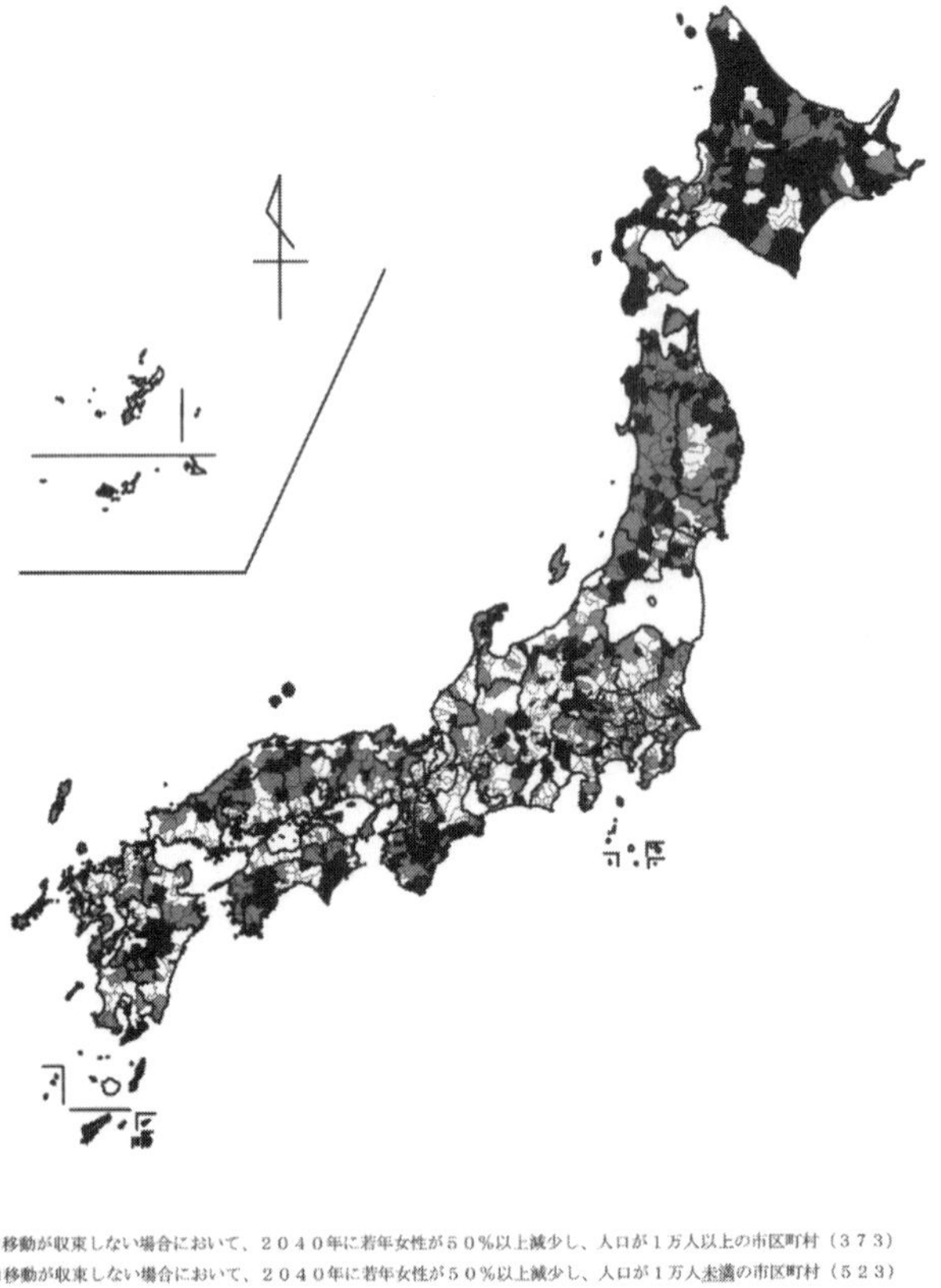
資料：一般社団法人北海道総合研究調査会（HIT）作成

図25　2040年の人口推計
（出典：日本創成会議・人口減少問題検討分科会「成長を続ける21世紀のために「ストップ少子化・地方元気戦略」」日本創成会議・人口減少問題検討分科会、2014年〔http://www.policycouncil.jp/pdf/prop03/prop03.pdf〕［2018年8月21日アクセス］）

という懸念自体は、決して的外れなものではないでしょう。内心うすうすとは感じながらも、堂々と語ることはためらわれる、そんな現実が表に出てきたからこそ、この予測は大きな反響を呼んだとも言えます。実際、日本各地を日々歩いている私たちからすると、消滅可能性都市というこの指摘は決して想定外と驚くようなものではありません。目に見えて人口が減少している自治体は、日本中、いたるところに存在します。

人口獲得のための戦略――定住・移住・交流・関係人口と図書館

では、まちが消滅しないためにはどうすればいいのか――当然、自治体はその対策を考えます。ことは人口問題ですので、直接的な解決策は人口増であり、その手段としては次の二点が考えられます。

図26　増田寛也編著『地方消滅――東京一極集中が招く人口急減』（中公新書）、中央公論新社、2014年

・移住人口の獲得
・定住人口の獲得

そして、日頃からの人と人との交流、特に人口密集地域と人口過疎地域の間での人の行き来を育み、交流から移住、そして定住を獲得するという政策に行き着きます。つまり、こう区分

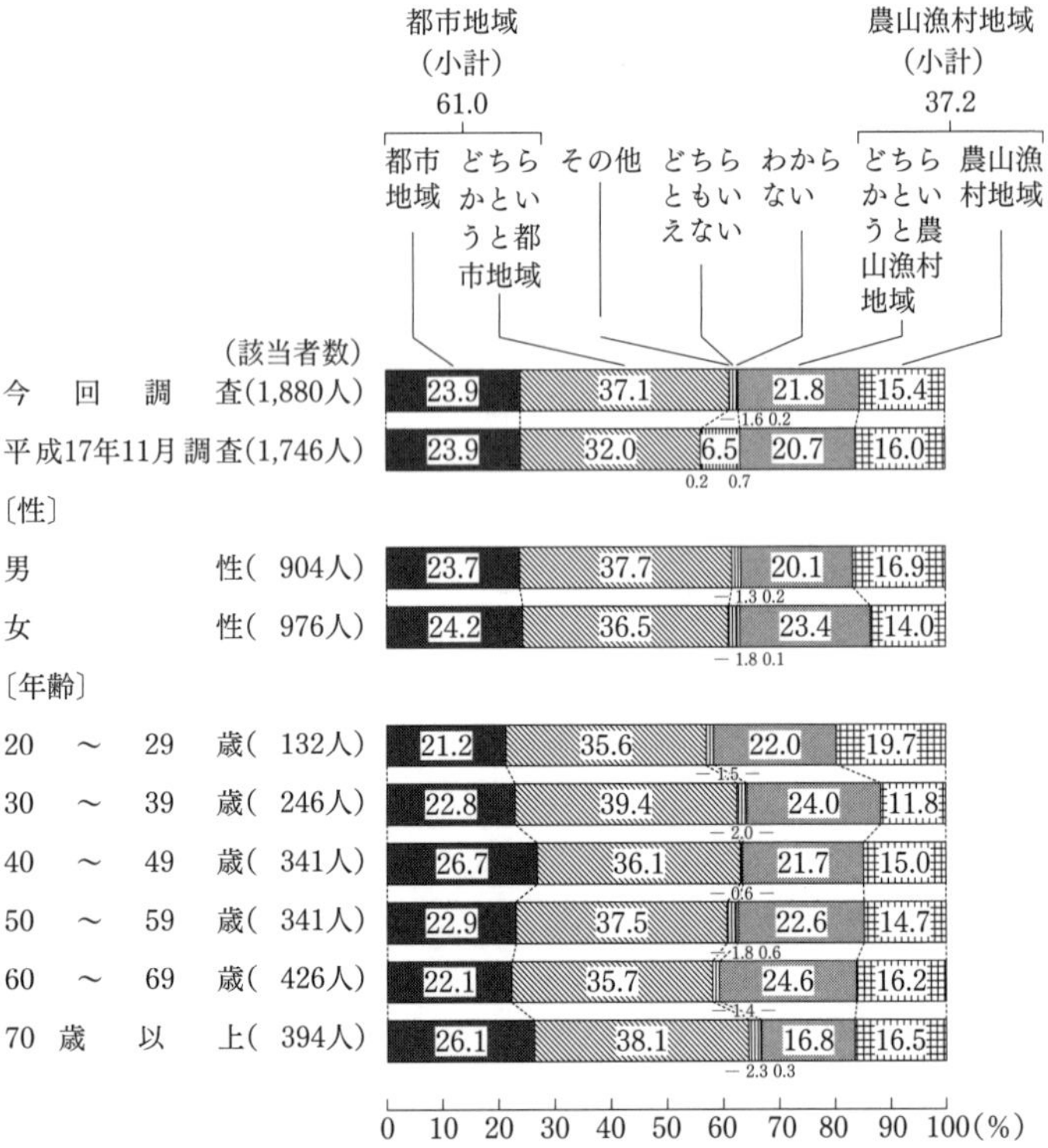

（注）平成17年11月調査では，「あなたがお住まいの地域は、都市地域だと思いますか。それとも農山漁村地域だと思いますか。この中から１つだけお答えください」と聞いている

図27　内閣府大臣官房政府広報室「農山漁村への定住等に関する居住地域別の意識」
（出典：「農山漁村に関する世論調査」〔https://survey.gov-online.go.jp/h26/h26-nousan/2-3.html〕［2018年8月21日アクセス］）

できます。

・交流人口の拡大
・移住人口の獲得
・定住人口の増加

このときに注目される人口獲得の仕掛けの一つが図書館です。では、なぜ、図書館が人口問題への対策に関係してくるのでしょうか。

住んでいる地域でこの話の受け止め方にはかなり差があると思いますが、仮に大都市圏から人口規模が数万、場合によっては数千の自治体に移住することを想像してみてください。大都市は人口減少という言葉にまったく実感が持てないほど、人であふれかえっています。そんな都会暮らしに疲れを感じて、新たな人生の可能性を地方での生活に見いだす人は決して少なくありません。実際、内閣府がおこなっている「農山漁村に関する世論調査」の二〇一四年調査では、「農山漁村への定住等に関する居住地域別の意識[5]」について都市部居住者の農山漁村への移住願望が強くなっていることがわかります。

移住から定住を促す図書館の可能性

ただし、Uターン・Iターンを問わず、現実に移住という行動に踏み出すかどうかは別問題です。

実際、数値としては大都市圏から地方都市への顕著な移住が認められるわけではありません。とはいえ、全体的な傾向には現れませんが、地域単位で見ていくと、移住者の獲得に成功している自治体は確実に出てきています。もちろん逆のケースもしかりです。

成功の可能性があるケースで有名なのは、島根県・隠岐諸島の離島である海士《あま》町（中ノ島）でしょう。この島の最盛期だった戦後間もなくに七千人近くを記録した住民数は戦後一貫して減少を続け、それこそ「消滅可能性都市」の一歩手前にさしかかりました。しかしその後、島独自の産業活

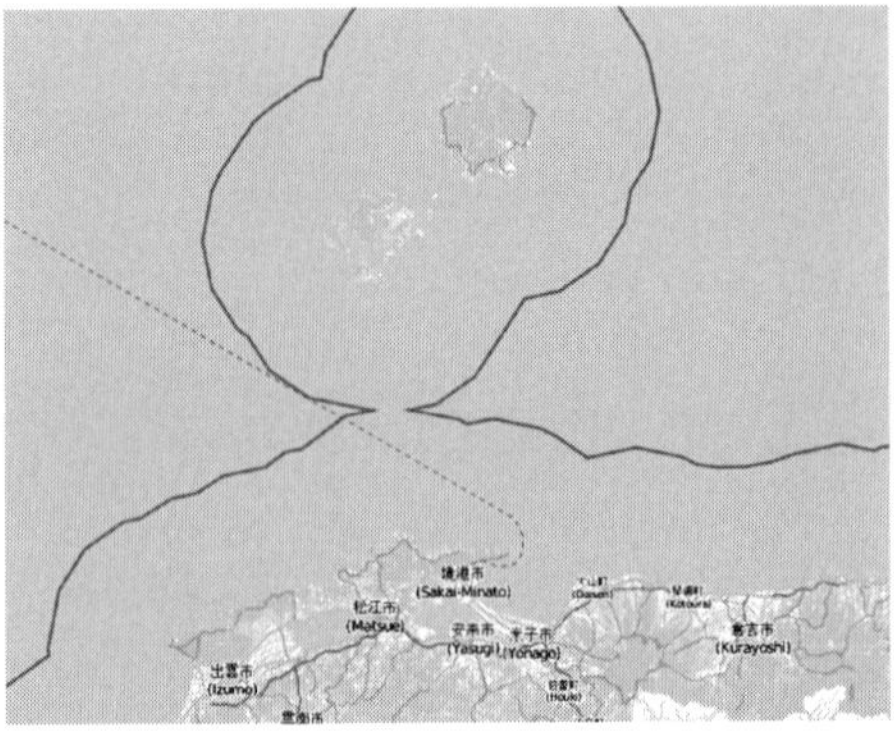

図28　隠岐諸島

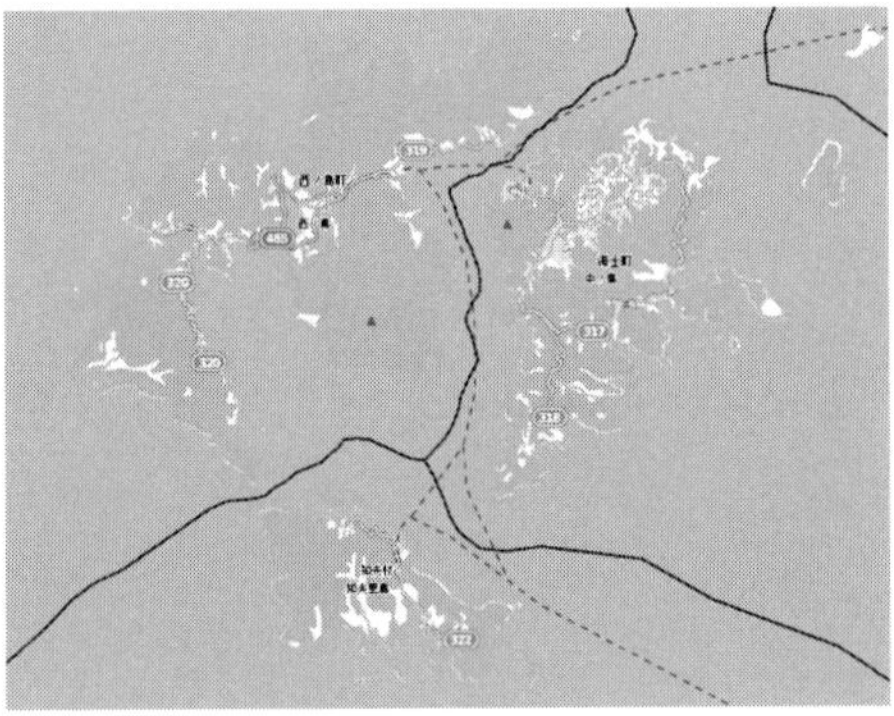
図29　海士町・西ノ島町・知夫村

性化の取り組みや、海士町だけでなく隠岐諸島の島前地域を構成する西ノ島町や知夫村と一緒になった県立高校の魅力化向上によって、人口減少に歯止めをかけることに一定の成功を見ています。

もちろん、状況は到底楽観できるものではなく、海士町では「成功」とは捉えていませんが、日本海の外洋に浮かぶ小さな離島でも、その地域にしかない価値を生み出して発信すれば、人口の獲得が決して不可能ではないことを示しています。この海士町の取り組みは往々にして産業と教育、特に学校教育の面で評価されていますが、海士町中央図書館の存在も無視できません。

図30　「海士町島まるごと図書館マップ」（http://lib.town.ama.shimane.jp/mkpage/hyouzi_editor.php?sid=6）

海士町中央図書館が示唆する人口問題と図書館のつながり

海士町では、島に公共図書館がなかった二〇〇七年、「島まるごと図書館構想」(6)を打ち出して、町内の保育園や小・中学校、高校への図書館司書の配置をはじめ、さらにはフェリーターミナルや地区の公民館などに図書館の分

写真12　海士町中央図書館

館を設置しました。一〇年には海士町中央図書館を設置しています。こうした取り組みが評価され、一四年に「Library of the Year」の優秀賞を受賞[7]しています。

私たちも海士町の図書館政策には早くから関心を持ち、二〇一三年から繰り返し島を訪問して現地調査をおこなってきました。そのなかで大いにうならされたのが、移住した若者たちにヒアリングした際に返ってきたこの言葉です。

「コンビニもカフェも映画館もない島だけれど、図書館がある」

海士町は「この島には何もない」という状況に肯定的な意味をかけた「ないものはない」というキャッチフレーズを打ち出しているのですが、それは、その島で「図書館がある」ことが一種の誇りや自信を持って語られていたからです。

こうした観察や調査は、一度きりで終わるものではありません。何度も海士町に通うなかで、徐々に理解できたこともあります。それは、訪問先で私たちが接する機会が多い若者は大都市圏の出身者が少なくなく、こうした若者にとって、図書館はあって当たり前の存在だということです。人口が限られた外洋の離島である以上、コンビニエンスストアや映画館のような規模やスピードを重視する事業が成り立たないことは、移住を続けている若者からすれば自然に受け入れられる環境なのでしょう。しかし、図書館についてはコンビニや映画館のようにはいかず、離島だろうがあって当たり前だと認識されていることを思い知らされました。

不便さのなかにある居心地がいい図書館

移住は大きな決断ですが、やってやれないことではありません。しかし、政策として見たときの難しさは、移住者に定着してもらえるか、つまり定住に持っていけるかどうかです。そのとき、お客さんとしてではなく、地域の一員としてそのまちになじんでいきながら、居心地がいい個としての時間や知的欲求をかなえることが重要になります。

「家族的な温かみがあるこの島の暮らしにはまったく不満はないけれど、たまには一人の時間を過ごしたい」「仕事や家事、育児からひととき解放されて、自分の時間を過ごしたい」「ときにはコーヒーを飲みながらのんびりと思索したい」。こんな思いを実現する場として、図書館は支持されているのです。

人口減少時代の現実的な政策目線

ただし、このような事例は全体で見ればごくわずかであることには十分に留意が必要です。人口問題は本書だけでは論じきれませんが、日本がすでに全体として人口減少社会のまっただなかにあることを忘れてはいけません。この状況で自治体間での人口の奪い合いを始めたところで、都市への集中という状況にドラスティックな変化が発生するかは、はなはだ疑わしいのです。

この点を踏まえると、確かに移住から定住を促す図書館政策は決して無駄ではありませんが、それが唯一の解ではないことを確認する必要があります。政策は多角的な視点で実行されなければなりません。移住を呼び込んで定住につなげるためだけに、図書館が有効なわけではありません。いますでに定住している人々に定住し続けてもらうために、図書館は有効という側面もあるでしょう。あるいは、最近注目を集めている「関係人口」を生み出す一つの切り口として、図書館が有効という考え方もありえます。沖縄県の恩納村文化情報センターが意識的におこなっている村外からの観光客への利用者カードの発行や一連の図書館サービスの提供などは、関係人口を増やすという視点からも評価できます。

「いまそこにある危機」としての老朽化

図書館の可能性を感じさせる話の一方で、目の前にある危機も明確にあります。それが施設の老朽化です。日本で現在に続く公共図書館が整備され始めたのは、一九五〇年の図書館法制定以降です（ただし、戦前からの歴史、百年を超える歴史を持つ公共図書館も少なからず存在します）。とはいえ、

現在のように日本の津々浦々、大都市以外の自治体にも一定規模の図書館が整備されたのは七〇年代以降です。

厳しい公共施設の現状

私自身も一九七〇年代の生まれですが、経済的にはオイルショックがあったものの高度経済成長の余波は残り、のちにバブルと呼ばれる好景気へと社会全体がゆるやかに上昇していった時代です。当然、数多くの公共施設が整備され、図書館も同様でした。しかし、その時代からすでに四十年、施設によっては竣工から五十年を迎えているところも出てきています。本来であれば、竣工から三十年から四十年ののちには建て替えなどの措置がされるべき施設がいまも残っているのです。

実際、各地の図書館を訪ね歩いていると、ときに絶句するほど老朽化した図書館に出合います。耐用年数をすでに超過した施設や、現在の基準に沿った耐震判定をおこなった場合に問題がある結果が出るのではないかと思える施設は決して珍しくありません。

公共図書館は文字どおり公共施設であり、そのなかでも市民の利用がトップクラスの施設です。さらに、利用者には乳幼児を含む子どもや高齢者が多くいます。当然、それなりの安心・安全の確保が求められるわけですが、残念ながらこれまでそのリスクは過小評価されてきたように感じます。

熊本地震が打ち砕いた公共施設幻想

しかし、そうした「まだなんとかなるだろう」という甘い幻想を、二〇一六年に発生した熊本地

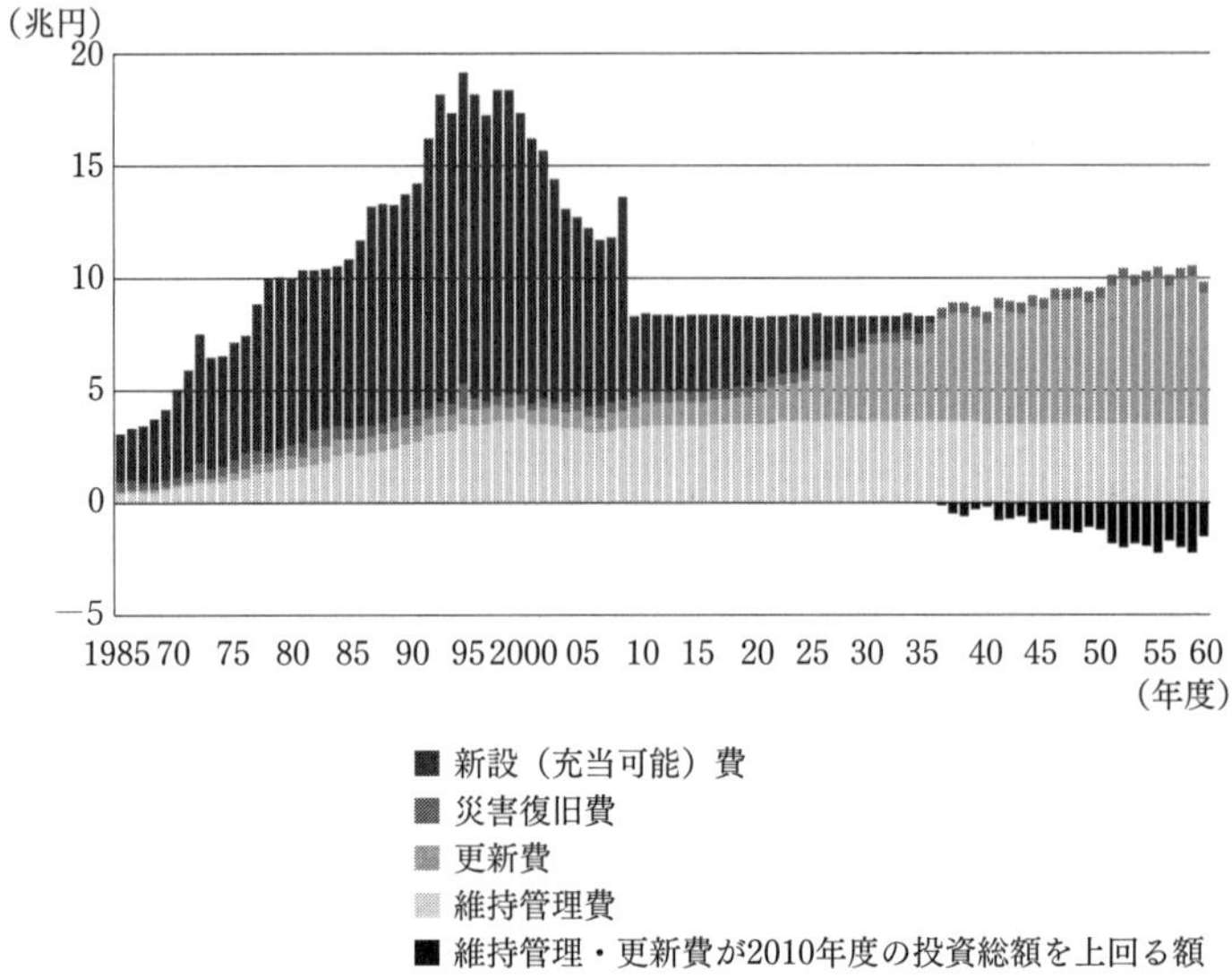

（注）推計方法について

国土交通省所管の８分野（道路、港湾、空港、公共賃貸住宅、下水道、都市公園、治水、海岸）の直轄・補助・地単事業を対象に、2011年度以降につき次のような設定をおこない推計。

- 更新費は、耐用年数を経過した後、同一機能で更新すると仮定し、当初新設費を基準に更新費の実態を踏まえて設定。耐用年数は、税法上の耐用年数を示す財務省令を基に、それぞれの施設の更新の実態を踏まえて設定。
- 維持管理費は、社会資本のストック額との相関に基づき推計（なお、更新費・維持管理費は、近年のコスト縮減の取組み実績を反映）。
- 災害復旧費は、過去の年平均値を設定。
- 新設（充当可能）費は、投資総額から維持管理費、更新費、災害復旧費を差し引いた額であり、新設需要を示したものではない。
- 用地費・補償費を含まない。各高速道路会社等の独法等を含まない。なお、今後の予算の推移、技術的知見の蓄積等の要因により推計結果は変動しうる。

資料）国土交通省

図31　従来どおりの維持管理・更新をした場合の費用計算
（出典：『国土交通白書2012』）

震は打ち砕きました。事実上、倒壊したに近い熊本県の宇土市役所庁舎の映像を見た方も多いでしょう。幸い、近年の大規模災害では、公共施設の損壊によって市民に死傷者を大きく出すまでには至っていません。地震発生時に本棚から即座に離れるよう呼びかけるなど、施設を管理する職員の

写真13　倒壊しかかった宇土市役所庁舎

安全確保のための多大な努力があることは間違いありません。しかし、やはり災害が発生した時間帯など、運がよかったにすぎない側面がないわけではありません。それは倒壊しかかった庁舎の姿を見れば明らかでしょう。

その結果と言ってしまうと身も蓋もありませんが、熊本地震以降、明らかに起こりうる大規模災害を想定して、図書館の施設を建て替えよう、更新しようという動きも顕著になってきています。

公共分野における専門知の継承不足

「コンサル」への厳しいまなざし

図書館設備の背景を考える本節の最後に、あえてこの話題にふれておきたいと思います。繰り返し述べてきましたが、私たちＡＲＧは図書館プロデュースをなりわいの一部にしています。この仕事をわかりやすく説明すれば、「図書館コンサル」といえるでしょう。この立場にいると、ときとして非常に強い敵意を向けられていると感じざるをえないことがあります。その敵意は案外、図書館関係者からのものです。

見ようによっては、私たちの仕事は図書館を食い物にしている民間事業者なのかもしれません。図書館で働いたこともないのに、好き勝手なことを言っていると思われもするのでしょう。

もちろん、それが正当なものであれば、どのような批判も甘受しますが、表面だけを見て事業者を非難していては本質を見失うのではないでしょうか。私たちが本来問題にすべきは、なぜ図書館整備に民間事業者を用立てることが増えているのか――その背景ではないかと思います。

結果的にブルー・オーシャンになっている図書館整備の現場

実際、私自身は二〇〇九年に起業するにあたって、図書館プロデュースが事業として成り立ちうると見込んでいました。一定の参入障壁はあるので多少時間はかかるでしょうが、三年ほどで参入を果たして五年ほどで一定の結果を出せると踏んでいました。なぜなら、この領域はその時点では明らかにブルー・オーシャン戦略が有効だと見て取れたからです（参考：W・チャン・キム、レネ・モボルニュ『ブルー・オーシャン戦略』[8]）。

図書館整備が民間に委託される業務になっている理由を考えてみましょう。考えられるのは、次の三点ではないでしょうか。

1、自治体内にその知識・経験（ノウハウ）を有した人材がいない。
2、自治体内に知識・経験（ノウハウ）を有した人材はいるが、その存在が認知されていない。
3、自治体内に知識・経験（ノウハウ）を有した人材はいるが、適所に配置されていない。

私たちの経験上、2や3のケースがないわけではありません。ときには、内部に優秀な職員がいるにもかかわらず、なぜその自治体が図書館整備の業務を丸投げとでもいうように民間事業者に委託しようとしているのか、不思議に思うことさえあります。

継承機会の喪失

しかし、実際に多いのは圧倒的に1だと感じていますし、私自身はそう見立ててこの事業に参入しました。端的に言えば、図書館を整備する専門知や経験知を、自治体のなかで世代を超えて継承することができなかったと見立てたということです。その理由の一つには、いわゆる行政改革の流れのなかで仮借なくおこなわれた公務員の定数削減による影響があるでしょう。かつて図書館整備が華やかだったころには、現場で図書館整備の経験を積んだ方々が数多く公務員組織にいたはずです（ひところの図書館本は、その世代の方々が多数著しています）。

ところがすでに述べたように、施設の建て替えや更新のままならない状況が十年二十年のスパンで続いています。この結果、図書館整備を経験した世代はその大部分が定年退職を迎えてしまっていて、施設整備の際の経験を次世代に継承する機会を失ってしまったのではないでしょうか。

図書館建築での継承不足

同時に感じるのが、図書館整備で大きな役割を果たす建築・設計の世界でも、図書館をつくる技能の継承がうまくいっていないことです。これにもいくつかの理由があるでしょう。理由の一つとしては、図書館整備の案件自体が減少したことが挙げられます。百人単位で一級建築士を抱える組織系事務所と呼ばれる大手設計事務所だけでも三十社以上、さらに少数の建築士で構成するアトリエ系事務所が多数あるわけで、新たに整備される図書館の数自体が減れば、図書館建築の技能は広く薄くしか継承されません。

また、図書館に限った話ではありませんが、公共建築の設計業務が公募型のプロポーザル方式で委託されるようになった影響もあります。かつて図書館整備が相次いだ時代には、その設計業務の多くは特命随意契約（以下、特命随契と略記）と呼ばれる方式で委託されていました。特命随契とは、その自治体が考える図書館整備計画を建築面で実現するのにふさわしいと考える設計事務所に指名して委託する方式です。

しかし、公取引の健全化を図る流れのなかで、特命随契はほとんど見られなくなりました。税金を主な原資とする公共事業である以上、公正な手続きを経るのはもちろん望ましいことですが、その結果、図書館の建築設計を得意とする設計事務所が減少したという負の側面もあります。

なぜ、図書館の整備に図書館のソフトとハードの両面に詳しいコンサルティング会社や私たちのような図書館プロデュース企業への需要が生まれているのか――その背景にはこのような状況が複合的に結び付き合っていると言えるでしょう。現状に至った背景を冷静に把握して、望ましくないと考えるのであれば、原因そのものを改善することが必要ではないでしょうか。私たちはそう考えます。

2▼▼▼図書館整備の課題

では次に、図書館を整備していくうえでの課題を考えていきましょう。私たちは、大きく次の三つの課題があると考えています。

1、人口構造転換の影響を含む財源減少
2、財政力指数が示す現状
3、公共施設等総合管理計画の要請

これらの三つの課題は互いに影響し合いながら、図書館を整備するうえでは避けて通れない課題になっています。

最初に挙げなくてはいけないのは、各自治体の財源減少です。もちろん、財源減少はすべての自治体に共通に見られることではありません。全般的にはほとんどと言っていい自治体が財政面で苦境にありますが、東京二十三区や東海圏の一部自治体など、非常に強い財政構造を有している自治体もあります。このような自治体の財政の実力を示す指標があります。それが財政力指数です（図32）。財政力指数とは、その自治体の基準財政収入額を基準財政需要額で除した数値の過去三年の平均値です。

$$\text{財政力指数} = \frac{\text{基準財政収入額}}{\text{基準財政需要額}}$$

図32　財政力指数

この数値が一・〇を超えている自治体は、自主財源だけで自治体経営が可能と見なされます。そして自治体にとって重要な財源の一つである地方交付税交付金の支給を受けない、いわゆる不交付団体になります。それだけ裕福な自治体だということです。他方、実際には多くの自治体で財政力指数が一・〇を割り込みます。この数字は普段意識することはあまりないかもしれませんが、まずはわがまちの財政力指数を調べてみましょう。この種の数字は総務省や各自治体のウェブサイトに掲載されていますし、各都道府県内の自治体の財政力指数を一覧できるウェブサイトも存在します(9)。

急激な人口減少の実態

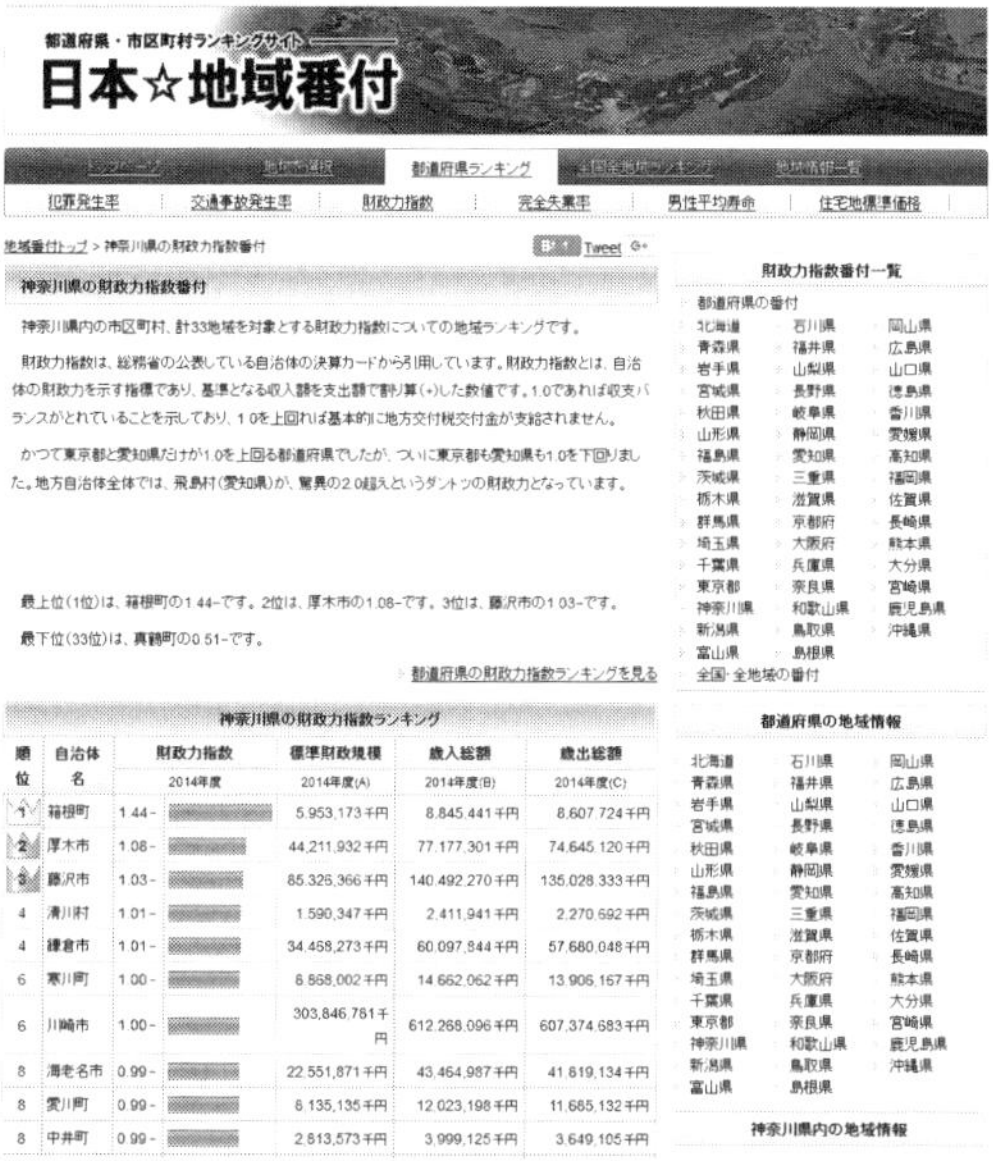

神奈川県の財政力指数ランキング

順位	自治体名	財政力指数 2014年度	標準財政規模 2014年度(A)	歳入総額 2014年度(B)	歳出総額 2014年度(C)
1	箱根町	1.44-	5,953,173千円	8,845,441千円	8,607,724千円
2	厚木市	1.08-	44,211,932千円	77,177,301千円	74,645,120千円
3	藤沢市	1.03-	85,326,366千円	140,492,270千円	135,028,333千円
4	清川村	1.01-	1,590,347千円	2,411,941千円	2,270,692千円
4	鎌倉市	1.01-	34,458,273千円	60,097,844千円	57,680,048千円
6	寒川町	1.00-	8,868,002千円	14,662,062千円	13,906,167千円
6	川崎市	1.00-	303,846,761千円	612,268,096千円	607,374,683千円
8	海老名市	0.99-	22,551,871千円	43,464,987千円	41,819,134千円
8	愛川町	0.99-	8,135,135千円	12,023,198千円	11,685,132千円
8	中井町	0.99-	2,813,573千円	3,999,125千円	3,649,105千円

図33　「日本☆地域番付」（http://area-info.jpn.org/）

いまはっきりと言えるのは、日本は人口構造のかつてない転換期にあるということです。二〇一六年、一七年の二年では、その年に生まれた子どもの数が年間百万人を切っています。

二〇一七年の出生数の推計値は九十四万一千人であり、一八九九年の記録開始以降、過去最低を記録しています。これは由々しい数字です。たとえば、私は一九七三年（昭和四十八年）の生まれです。この年の出生数は二百九万千九百八十三人でした。この数字は第二次ベビーブーム世代では頂点です。ちなみに、私の親の世代は戦時中から

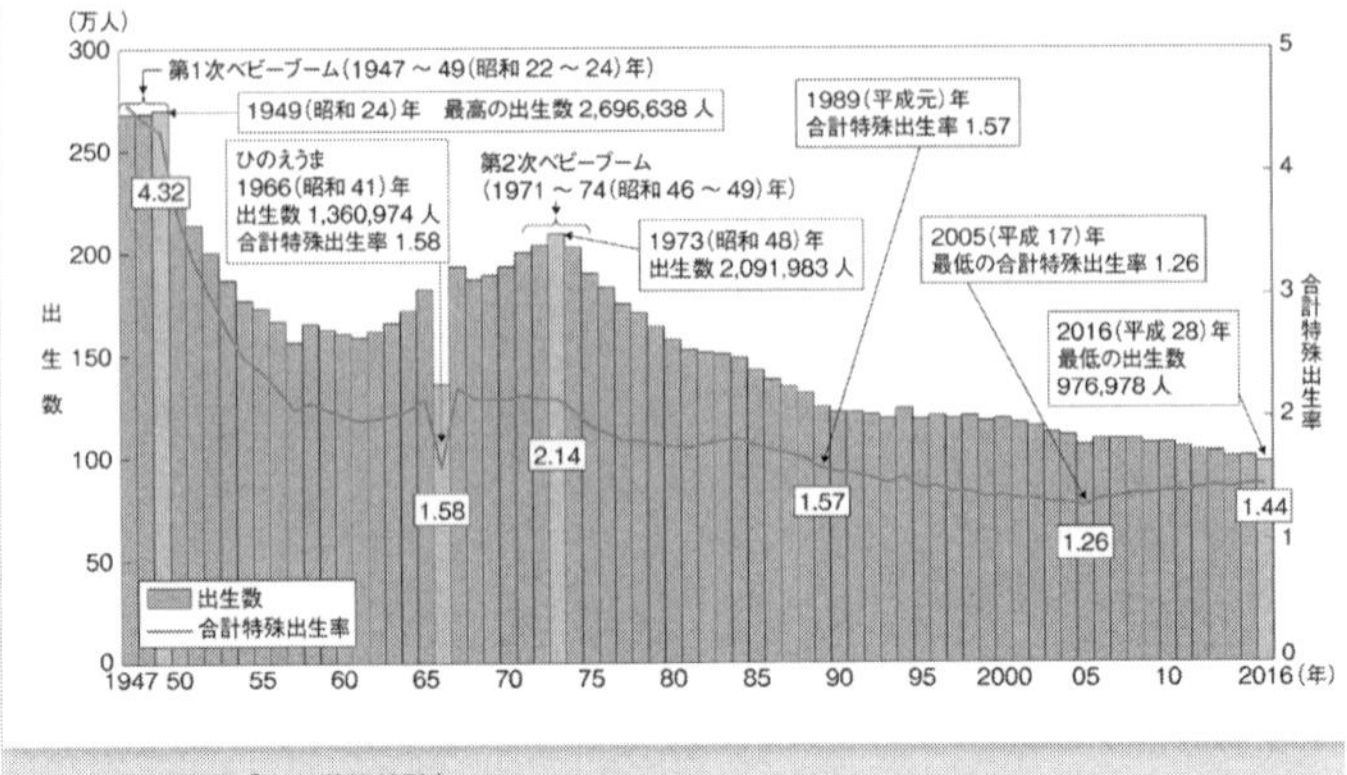

資料：厚生労働省「人口動態統計」

図34　内閣府「出生数及び合計特殊出生率の年次推移」
（出典：「平成30年版 少子化社会対策白書」内閣府、2018年〔http://www8.cao.go.jp/shoushi/shoushika/whitepaper/measures/w-2018/30pdfhonpen/pdf/s1-2.pdf〕［2018年8月21日アクセス］）

戦後間もなくの世代であり、特に戦後世代はいわゆる第一次ベビーブームの団塊の世代です。この世代の出生数は日本史上最高で、特に四七年（昭和二十二年）から四九年（昭和二十四年）までは約二百七十万人を記録しています。

第一次ベビーブーム世代が核になって生み出したのが、私のような第二次ベビーブーム世代です。この世代間では確かに出生数は減ってはいますが、二百万台は維持しています。ところが、私の世代の子どもたちにあたる人口の出生数は激減しています。一九七三年生まれの私の場合、おおよそ二〇〇〇年以降に親になっていてもおかしくないでしょう。では、〇〇年以降の出生数はどれくらいでしょうか。この間の十年程度の例年の出生数は百十万人前後にすぎません。二百九万人の世代の次世代が百十万人ということです。日本の人口減少がいかに急激なものかがわかるでしょう。

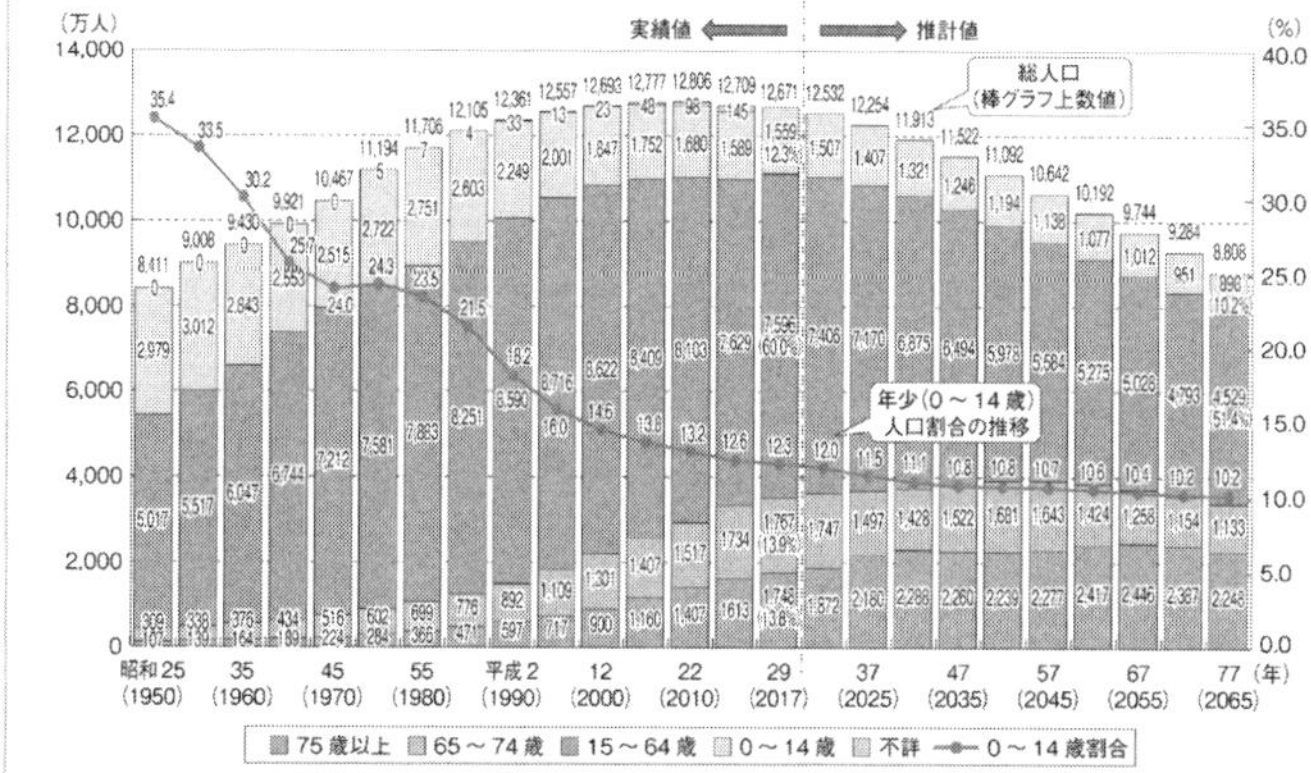

資料：2015年までは総務省「国勢調査」、2017年は総務省「人口推計」（平成29年10月1日現在確定値）、2020（平成32）年以降は国立社会保障・人口問題研究所「日本の将来推計人口（平成29年推計）」の出生中位・死亡中位仮定による推計結果。

注：2017年以降の年齢階級別人口は、総務省統計局「平成27年国勢調査　年齢・国籍不詳をあん分した人口（参考表）」による年齢不詳をあん分した人口に基づいて算出されていることから、年齢不詳は存在しない。なお、1950～2015年の年少人口割合の算出には分母から年齢不詳を除いている。

注：年齢別の結果からは、沖縄県の昭和25年70歳以上の外国人136人（男55人，女81人）及び昭和30年70歳以上23.328人（男8.090人，女15.238人）を除いている。

図35　内閣府「我が国の総人口及び人口構造の推移と見通し」
（出典：「平成30年版 少子化社会対策白書」内閣府、2018年〔http://www8.cao.go.jp/shoushi/shoushika/whitepaper/measures/w-2018/30pdfgaiyoh/pdf/s1-1.pdf〕［2018年8月21日アクセス］）

人口減少そのものをどう捉えるべきか、ここは議論があるところです。いたずらに悲観しすぎることもありませんし、楽観的に捉えすぎるのも考えものです。ただし、人口減少そのものは、ある程度予測されてきたこととはいえ、想定をはるかに上回る速度で、つまりわずか二世代の間で人口が半減したことは重く受け止めなくてはなりません。

人口減少が地方財政に与える影響

人口のありようがこのまま進めば、若年層は大幅に減り、医療の高度化に伴う高齢者の長寿命化の流れもあって、シニアが圧倒的に多い社会が到来します。いや、現実にはその社会に到達しているのです。

人口が世代間で偏りがある、特に高齢層が多いという偏りがあるまま人口が減少していくと、何が起きるのでしょうか。財源（一般財源）という意味では、税収が減ります。人口の都会への流出という話（社会減）とはまた別に、人口そのものが減少する（自然減）わけですから、自治体からすれば住民税を納付する住民そのものが減るわけです。当然、住民税を大幅に増額でもしないかぎり、住民税の徴収額は減ります。

そして、もう一つ大きな問題があります。住民人口が減少するということは、地方財源の柱の一つである交付税交付金の減少につながりうるということです。というのは、地方交付税の金額を算出する指標の一つに、当該自治体の国勢調査の人口規模があるからです。ただし、実際の運用では補正措置がなされていて、人口減少がいますぐ交付税の交付額に大きな影響を与えてはいないのが

MIZUHO

みずほリポート

2006年3月30日発行

人口減少が地方財政に与える影響

～地方税制見直しへの視点～

みずほ総合研究所

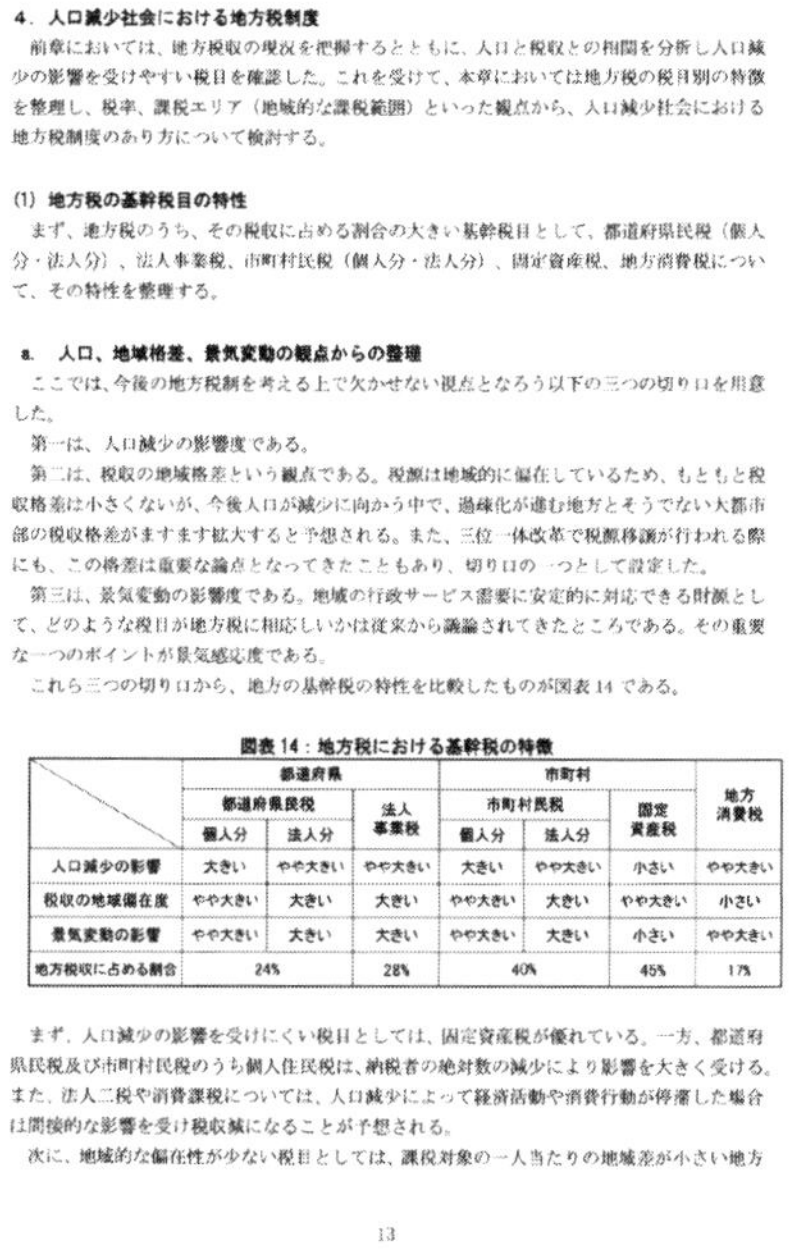
4．人口減少社会における地方税制度

前章においては、地方税収の現況を把握するとともに、人口と税収との相関を分析し人口減少の影響を受けやすい税目を確認した。これを受けて、本章においては地方税の税目別の特徴を整理し、税率、課税エリア（地域的な課税範囲）といった観点から、人口減少社会における地方税制度のあり方について検討する。

(1) 地方税の基幹税目の特性

まず、地方税のうち、その税収に占める割合の大きい基幹税目として、都道府県民税（個人分・法人分）、法人事業税、市町村民税（個人分・法人分）、固定資産税、地方消費税について、その特性を整理する。

a. 人口、地域格差、景気変動の観点からの整理

ここでは、今後の地方税制を考える上で欠かせない視点となろう以下の三つの切り口を用意した。

第一は、人口減少の影響度である。

第二は、税収の地域格差という観点である。税源は地域的に偏在しているため、もともと税収格差は小さくないが、今後人口が減少に向かう中で、過疎化が進む地方とそうでない大都市部の税収格差がますます拡大すると予想される。また、三位一体改革で税源移譲が行われる際にも、この格差は重要な論点となってきたこともあり、切り口の一つとして設定した。

第三は、景気変動の影響度である。地域の行政サービス需要に安定的に対応できる財源として、どのような税目が地方税に相応しいかは従来から議論されてきたところである。その重要な一つのポイントが景気感応度である。

これら三つの切り口から、地方の基幹税の特性を比較したものが図表14である。

図表14：地方税における基幹税の特徴

	都道府県			市町村			地方消費税
	都道府県民税		法人事業税	市町村民税		固定資産税	
	個人分	法人分		個人分	法人分		
人口減少の影響	大きい	やや大きい	やや大きい	大きい	やや大きい	小さい	やや大きい
税収の地域偏在度	やや大きい	大きい	大きい	やや大きい	大きい	やや大きい	小さい
景気変動の影響	やや大きい	大きい	大きい	やや大きい	大きい	小さい	やや大きい
地方税収に占める割合	24%		28%	40%		45%	17%

まず、人口減少の影響を受けにくい税目としては、固定資産税が優れている。一方、都道府県民税及び市町村民税のうち個人住民税は、納税者の絶対数の減少により影響を大きく受ける。また、法人二税や消費課税については、人口減少によって経済活動や消費行動が停滞した場合は間接的な影響を受け税収減になることが予想される。

次に、地域的な偏在性が少ない税目としては、課税対象の一人当たりの地域差が小さい地方

13

図36　2006年段階で人口減少による影響を指摘しているみずほ総合研究所の「人口減少が地方財政に与える影響——地方税制見直しへの視点」（〔みずほリポート〕、みずほ総合研究所、2006年〔https://www.mizuho-ri.co.jp/publication/research/pdf/report/report06-0330.pdf〕）

実情です。しかし、いつまでもこの措置が続くと期待することもできません。交付税の算定方法を、参考までに記しておきます。

〈普通交付税の額の算定方法〉
各団体の普通交付税額＝（基準財政需要額－基準財政収入額）＝財源不足額
基準財政需要額＝単位費用（法定）×測定単位（国調人口など）×補正係数（寒冷補正など）
基準財政収入額＝標準的税収入見込み額×基準税率（七五％）

もちろん、自治体の財源はほかにもあります。その代表的な二つが、地方債と国庫支出金です（特定財源）。しかし、地方債はあくまで借金です。国庫支出金にはいわゆる補助金も含まれていますす。いずれも独立性が高い財源とは言えませんし、そもそも健全な財政運営という観点からすれば、日常的に当て込んでいい財源とは言いがたいものです。

図書館の整備はもとより、いまある図書館の運営は、このような自治体財政のもとでおこなうものだという認識を強く持つ必要があります。あくまで参考数値ですが、延べ床面積三千平方メートル規模の図書館を整備するのには、おおよそ三十億円が必要です。自治体の財政規模にもよりますが、起債などの財政手法を考えれば三十億円程度の金額かもしれません。しかし、その捻出さえ難しい状況にある自治体も多いのです。そして、整備に要するのは三十億円程度であっても、その施設の継続的な運用にはより多くの費用がかかることも忘れてはなりません。そこで次は、「ライフサイクルコスト」という考え方にふれましょう。

ライフサイクルコストという考え方

ライフサイクルコスト（LCC）は施設整備だけではなく、さまざまな物品の製造にも当てはまる概念ですが、ここでは公共施設の整備に話を絞ります。図書館のような施設は、つくってオープンすればそれで終わりではありません。運営していく費用が発生します。特に昨今の公共施設の場合、建築的には竣工後、少なくとも三十年、理想としては四十年、可能であれば五十年程度の寿命を見込むことが一般的です。となると、施設整備費だけでなく施設運営費がその先の数十年単位で発生します。

発生が見込まれる費用としては、運用費、管理費、保全費、修繕費、そして将来的な更新費です。この総額は、施設整備に要した費用の少なくとも三倍、場合によっては五倍程度までを見込む必要があると考えられています。ですから、たとえば三十億円をかけて図書館を整備した場合は、その後の四十年、五十年で少なくとも九十億円、へたをすると百五十億円のコストが発生するわけです。

整備費の三十億円だけであれば、仮に運用期間を短く三十年と見れば年額一億円でしかありません。こう考えると、一面では図書館の整備費は著しく高いわけではないとも思えます。しかし、ライフサイクルコストの考え方を踏まえると、仮に整備費を三十億円に抑えたとしてもさらに九十億円の費用が発生することになります。つまり、整備費も含めて向こう三十年で百二十億円を要するわけです。

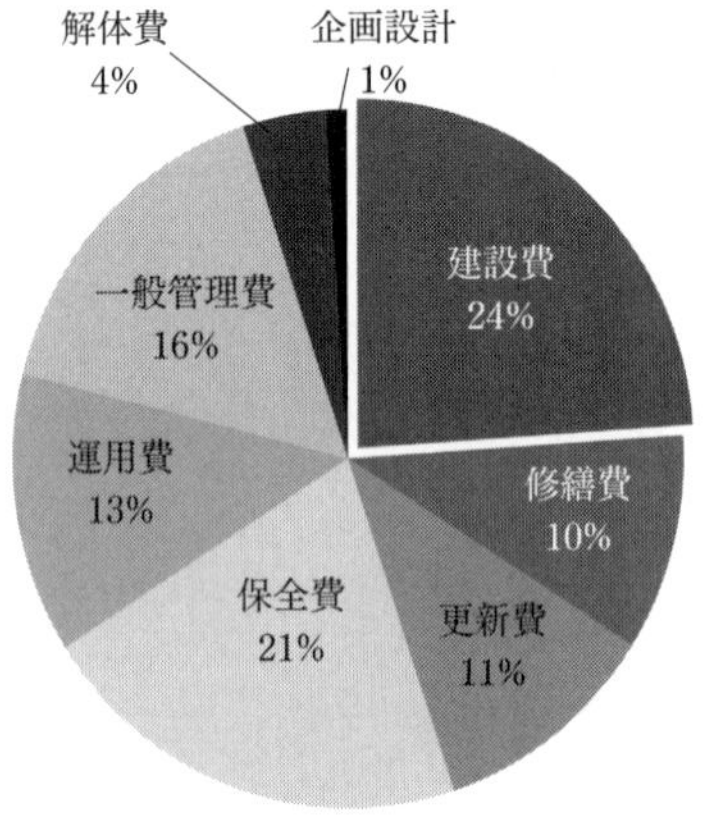

■ LCC 構成比（BELCA 試算）

延床面積	5,700㎡
用　　途	貸事務所
計画年数	40年

（出典：（社）建築・設備維持保全協会）

図37　東洋建設による概念モデル
（出典：「建物のライフサイクルコスト（LCC）評価」〔http://www.toyo-const.co.jp/technology/3395.html〕［2018年8月21日アクセス］）

三十年後を想像してみましょう。現在が二〇一八年ですから、四八年ということになります。私は今年で四十五歳ですから、日本人男性の平均寿命を踏まえれば、まだ生きてはいるかもしれません。しかし、三十年後はもう七十五歳です。はたして、そのときの日本の姿をどれくらい正確に予測できるでしょうか。別の見方をすれば、三十年前に、三十年後のいまの日本の姿をどれくらい正確に予測できていたでしょうか（ちなみに三十年前は、まさに昭和が終わり平成が始まったころです）。

正確な予測は明らかに困難です。しかし、それでも明確に見通せるのは、人口はいま以上に減少していること、かつてのような高度経済成長は望むべくもないことあたりではないでしょうか。こう考えると、財源の問題は軽々しくは考えられないことが実感できるでしょう。

それでも図書館を求める理由——「知る権利」を擁護する図書館

だからといって、図書館を整備しなくていいとは思いません。すでに述べたように、人口減少の時代だからこそ、住民の定住の継続や一定範囲内での移住者の獲得が必要ですし、そのためには交流人口や関係人口を増やす努力が欠かせません。その際に、図書館が有用な社会装置の一つになりうることは、すでに述べたとおりです。そして、厳しい財政状況であっても図書館は本来、整備と運営にコストが投じられるべき施設だと私たちは考えます。

なぜなら、図書館は私たちの社会では「公共の福祉」や「共通善」として語られる普遍的な価値に関わるからです。民主的な社会では少なくとも、私たちは自身の考えや思いに基づいて、適法な範囲で自由に生きられます。どのような思想を持ち、どのような振る舞いをするかも基本的には自由です。このとき重要な価値を持つのが、知りたいことを知る権利を有することです。つまり「知る権利」です。知りたいことを知り、そうして得た知識や情報を生かして生活やビジネスを営むことができます。

日本国憲法第二十一条
集会、結社及び言論、出版その他一切の表現の自由は、これを保障する。
二　検閲は、これをしてはならない。通信の秘密は、これを侵してはならない。(10)

このような自由の保障は、自由主義的な民主社会の基盤です。であれば、図書館という存在は強く擁護されるべきでしょう。図書館は、人々の「自由と権利」を保障する機関です。特に公共図書館は、経済的格差や思想的立場の違いにかかわらず、誰にでも開かれた場です。相応のコストをかけたとしても、社会的に「自由と権利」を維持するためには、図書館は欠かすことができないのです。

民間事業者の私たちがこう言っても、美辞麗句と受け止める方もいるでしょう。しかし、図書館、少なくとも公共図書館に対するこの認識の一点は、立場にかかわらず誰もが共有しうる大前提だと私たちは考えています。

公共施設等総合管理計画の要請

さて、これまで見たような財政的な課題に加えて、自治体はもう一つ大きな課題を抱えています。もうお気づきでしょう。先にふれた公共施設・設備の老朽化です。日本で大規模な社会資本整備は、戦後の復興期から高度経済成長期を経てバブル期まで継続的におこなわれてきました。何よりも戦災による物理的破壊というリスクがなくなり、経済的な成長を実感して人口も順調に増え続けた時代は、大規模な投資がおこなわれてきました。

しかし、現在は一転して厳しい時代状況にあります。とはいえ、市民が利用する公共施設・設備は、地域社会を維持するためにも更新していく必要があります。ですが、財源は限られているわけです。この状況に対して、国が示している方針があります。それが第1章で少しふれた公共施設等総合管理計画です。

公共施設等総合管理計画の実態

公共施設等総合管理計画は、二〇一三年に国土交通省がまとめたインフラ長寿命化基本計画(11)に基づくもので、一四年に総務省が各自治体に策定を要請した計画(12)です。

総務省の調査では、二〇一八年三月三十一日時点で九九・六パーセントと、すでにほとんどの自治体が策定を終えています。残りの〇・四パーセントにあたるのは七自治体です。福島の帰還困難区域にあたるいくつかの自治体を別とすれば、残りの自治体も数年度以内をめどに策定を完了すると思われています。

計画策定はあくまで各自治体の自主性・独立性に基づいておこなわれているものですが、総務省は次の三つの点の検討と記載を適当としています。

1、公共施設などの現況および将来の見通し
2、公共施設などの総合的かつ計画的な管理に関する基本的な方針
3、施設類型ごとの管理に関する基本的な方針

第1章でも述べましたが、まずは、わがまちの公共施設等総合管理計画を読んでみましょう。ちなみに計画書の名前のつけ方は法的に規定されているわけではありませんが、公共施設等総合管理

インフラ長寿命化基本計画

平成25年11月

インフラ老朽化対策の推進に関する関係省庁連絡会議

図38　国土交通省「インフラ長寿命化基本計画」国土交通省、2013年（http://www.mlit.go.jp/common/001040309.pdf）

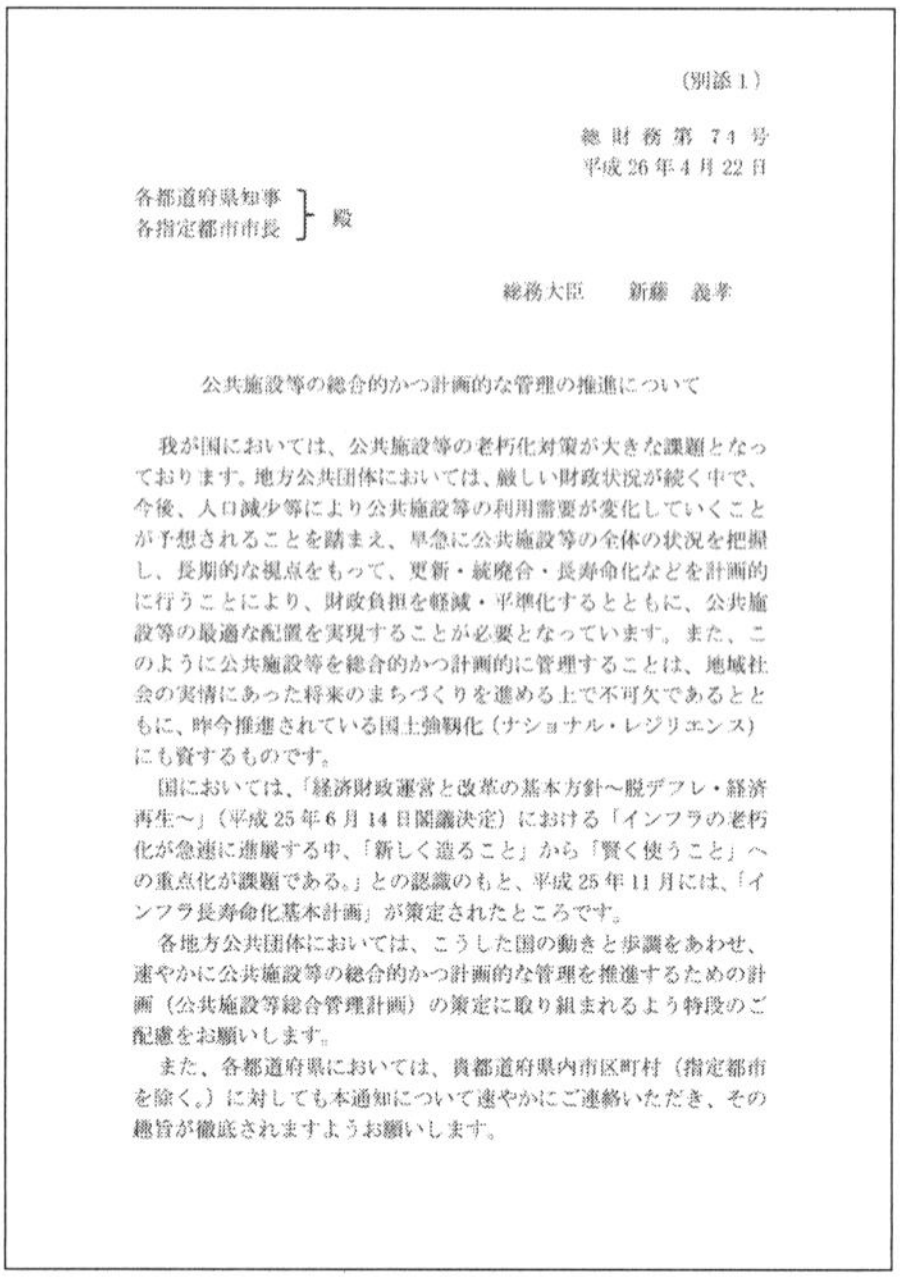

（別添1）

総財務第74号
平成26年4月22日

各都道府県知事
各指定都市市長 殿

総務大臣　新藤　義孝

公共施設等の総合的かつ計画的な管理の推進について

我が国においては、公共施設等の老朽化対策が大きな課題となっております。地方公共団体においては、厳しい財政状況が続く中で、今後、人口減少等により公共施設等の利用需要が変化していくことが予想されることを踏まえ、早急に公共施設等の全体の状況を把握し、長期的な視点をもって、更新・統廃合・長寿命化などを計画的に行うことにより、財政負担を軽減・平準化するとともに、公共施設等の最適な配置を実現することが必要となっています。また、このように公共施設等を総合的かつ計画的に管理することは、地域社会の実情にあった将来のまちづくりを進める上で不可欠であるとともに、昨今推進されている国土強靱化（ナショナル・レジリエンス）にも資するものです。

国においては、「経済財政運営と改革の基本方針～脱デフレ・経済再生～」（平成25年6月14日閣議決定）における「インフラの老朽化が急速に進展する中、「新しく造ること」から「賢く使うこと」への重点化が課題である。」との認識のもと、平成25年11月には、「インフラ長寿命化基本計画」が策定されたところです。

各地方公共団体においては、こうした国の動きと歩調をあわせ、速やかに公共施設等の総合的かつ計画的な管理を推進するための計画（公共施設等総合管理計画）の策定に取り組まれるよう特段のご配慮をお願いします。

また、各都道府県においては、貴都道府県内市区町村（指定都市を除く。）に対しても本通知について速やかにご連絡いただき、その趣旨が徹底されますようお願いします。

図39　総務省「公共施設等総合管理計画の策定要請」総務省、2014年（http://www.soumu.go.jp/main_content/000286228.pdf）

計画であることが一般的です。これ以外の名称例としては、公共施設等マネジメント計画、公共施設再編計画、公共施設最適化計画などがあります。

「集約化」と「複合化」「転用」という三方策

この計画策定にあたって重視されているのが、「集約化」と「複合化」「転用」、そして民間手法の活用です。民間手法の活用については第3章「図書館整備の手法と進め方」でふれることにして、ここでは集約化と複合化、そして転用について説明しましょう。

集約化は、複数設置している同種の施設や類似の施設を一つの施設に再編することを指しています。たとえば、複数ある小学校や中学校を廃止して一校に集約すること、小学校と中学校を「○○市立小・中学校」として再編するということです。実際、学校施設は少子化に伴う児童・生徒数の減少を踏まえて、市内の複数の学校をすべて廃止して一校に集約するという取り組みが実践されていて、その数は決して少ないものではありません。

複合化は、比較的目的が異なる複数の施設を同じ施設に同居させて施設を再編することを指します。よくあるケースで言えば、図書館と公民館を統合して、一館に再編するパターンが知られています。

実際のところ、集約化や複合化の定義の仕方は自治体によってさまざまです。ここで大事なポイントは、集約化であれ複合化であれ、施設の規模・面積が集約・複合化する前に比べて縮小されるという点です。たとえば、既存の図書館の延べ床面積が二千五百平方メートル、公民館の延べ床面

(3) 事業概要

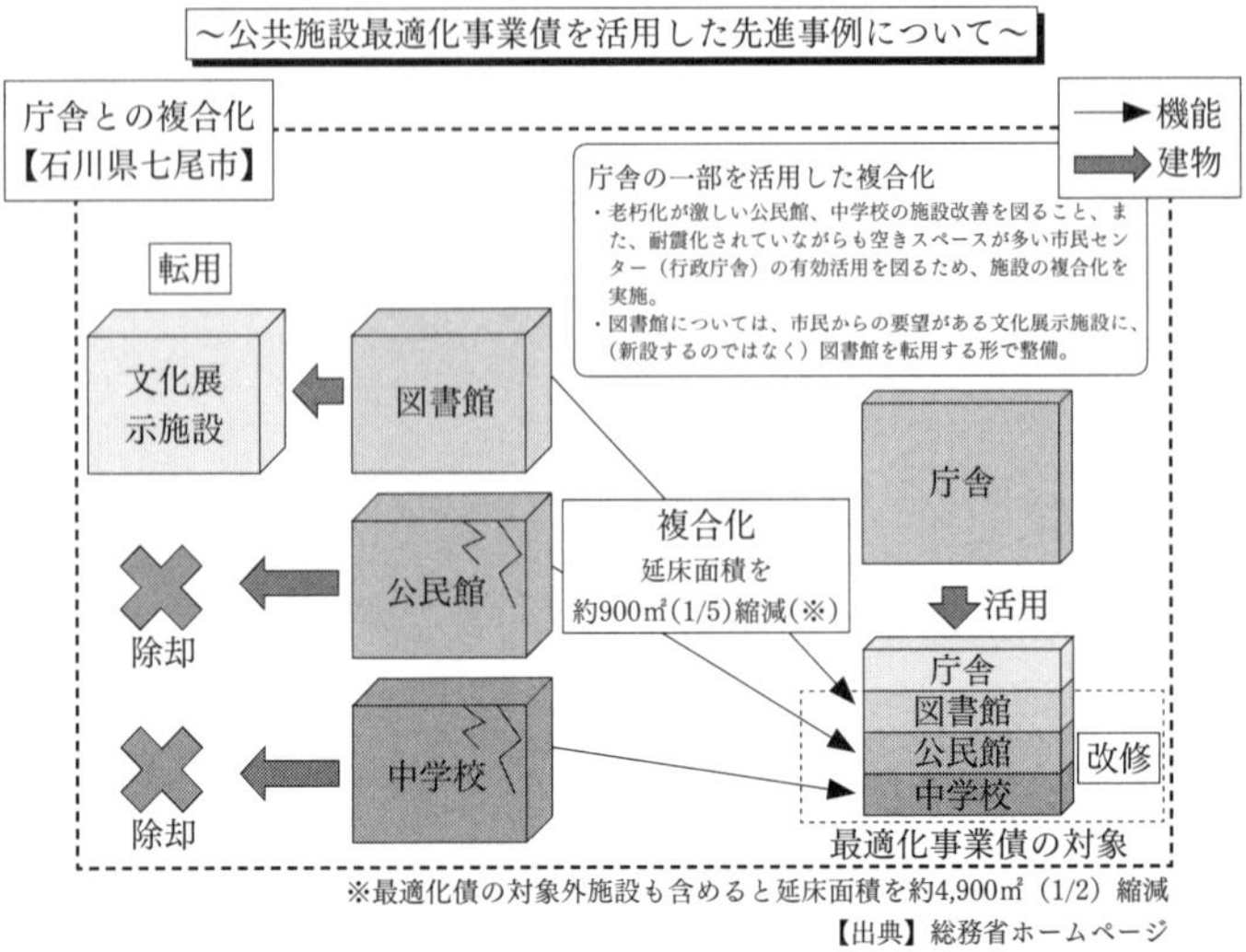

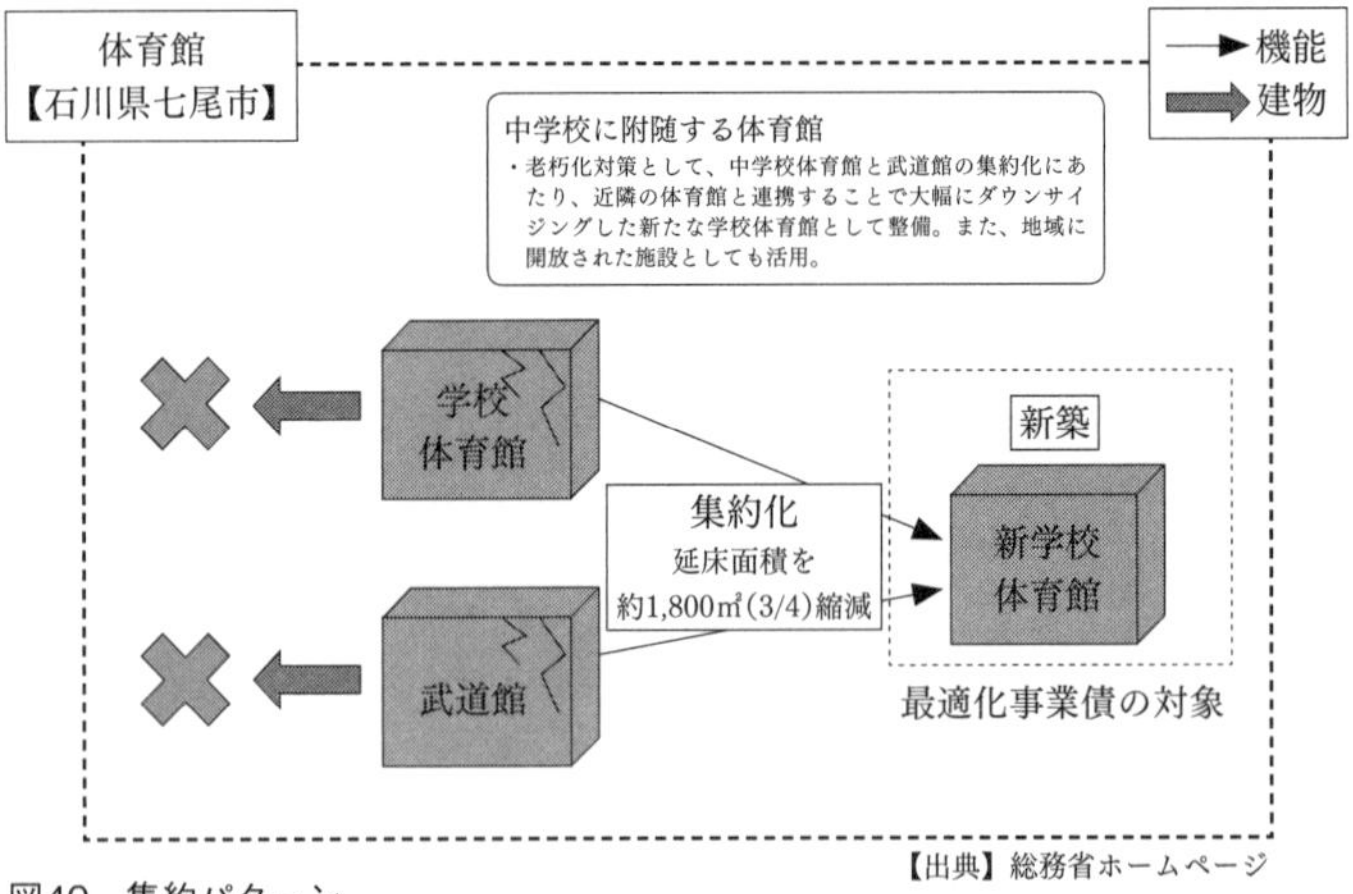

図40　集約パターン
（出典：岡野崇「公共施設の集約化と複合化――持続可能なまちづくり」石川県七尾市、2016年〔http://www5.cao.go.jp/keizai-shimon/kaigi/special/reform/mieruka/zirei/2-2/nanao.pdf〕［2018年8月21日アクセス］）

積が二千平方メートルだとしましょう。これらを合算すると、四千五百平方メートルになります。しかし、集約・複合するに際しては、総面積をこれよりも削減するのです。たとえば、図書館と公民館で合算して三千五百平方メートルにするということです。

もちろん、これはやみくもに面積を削減するのが本来の趣旨ではありません。たとえば図書館と公民館の事務室を統合する、あるいは図書館には会議室を設けず、公民館の会議室を共用するというような合理的な範囲で統合を進めるのが本旨です。このような取り組みを実現するために、二〇一五年度から三年間、公共施設最適化事業債という地方債が設けられ、実際に集約・複合化に伴う総面積の削減が政策誘導されています。

もう一つの方策である転用は、文字どおりの意味です。既存の公共施設のうち、まだ使用に耐えうる施設にほかの公共施設を移転する政策です。非常に多いパターンとしてあるのが、学校の校舎転用です。集約化によって空いた校舎は取り壊すにも多額の費用を要します。また子どもたちが利用する施設という性格上、耐震措置が実施ずみであるのが一般的です。そうした特性を踏まえて、高齢者施設や文教施設を校舎に移転すること、つまり校舎を転用するわけです。この取り組みに対しても、二〇一五年度から三年間、地域活性化事業債という地方債が設けられ、政策誘導がおこなわれています。

公共施設等総合管理計画における図書館の位置づけ

では、各自治体はこの公共施設等総合管理計画で図書館をどのように位置づけているのでしょう

表1　政府統計の総合窓口（e-Stat）「市（区）町村立図書館の設置状況」

設置率（%）			
計	市（区）	町	村
75.0	98.4	61.5	26.2

（出典：「社会教育調査 平成27年度 統計表 図書館調査」〔https://www.e-stat.go.jp/stat-search/files?page=1&layout=datalist&toukei=00400004&tstat=000001017254&cycle=0&tclass1=000001098916&tclass2=000001098918&tclass3=000001098923&stat_infid=000031559123〕［2018年8月21日アクセス］）

か。二〇一七年の夏、私たちは全自治体の公共施設等総合管理計画をすべて読んでみました。二人で手分けして約三カ月を要しましたが、非常に興味深い結果が見えてきました。

日本には約千七百の自治体があるわけですが、そもそもすべての自治体が図書館を設置しているわけではありません。市町村で見ると、市である要件を定めた都道府県の条例の関係上、図書館を設置しているのがごく当然となっています。他方、町村の場合、図書館の設置率は市に比べれば低いのが実情です。

したがって、そもそも図書館が設置されていない自治体では、公共施設等総合管理計画の検討対象に図書館が入っておらず、その結果、計画に記載がないことになります。そのような自治体については、総合計画などの上位計画を読み込んで、状況を把握しました。その結果、少なくとも約三百の市区町村で図書館の整備が計画されていて、そのうちの一部はすでに進行中です。

公共施設等総合管理計画という観点からすると、やはり集約化や複合化の代表例として図書館が挙げられているケースも少なくありません。また、膨大な蔵書を有する図書館の場合、あまり適切でないケースが多いのですが、学校の空き校舎を新図書館の入れ物として想定しているケースもあり

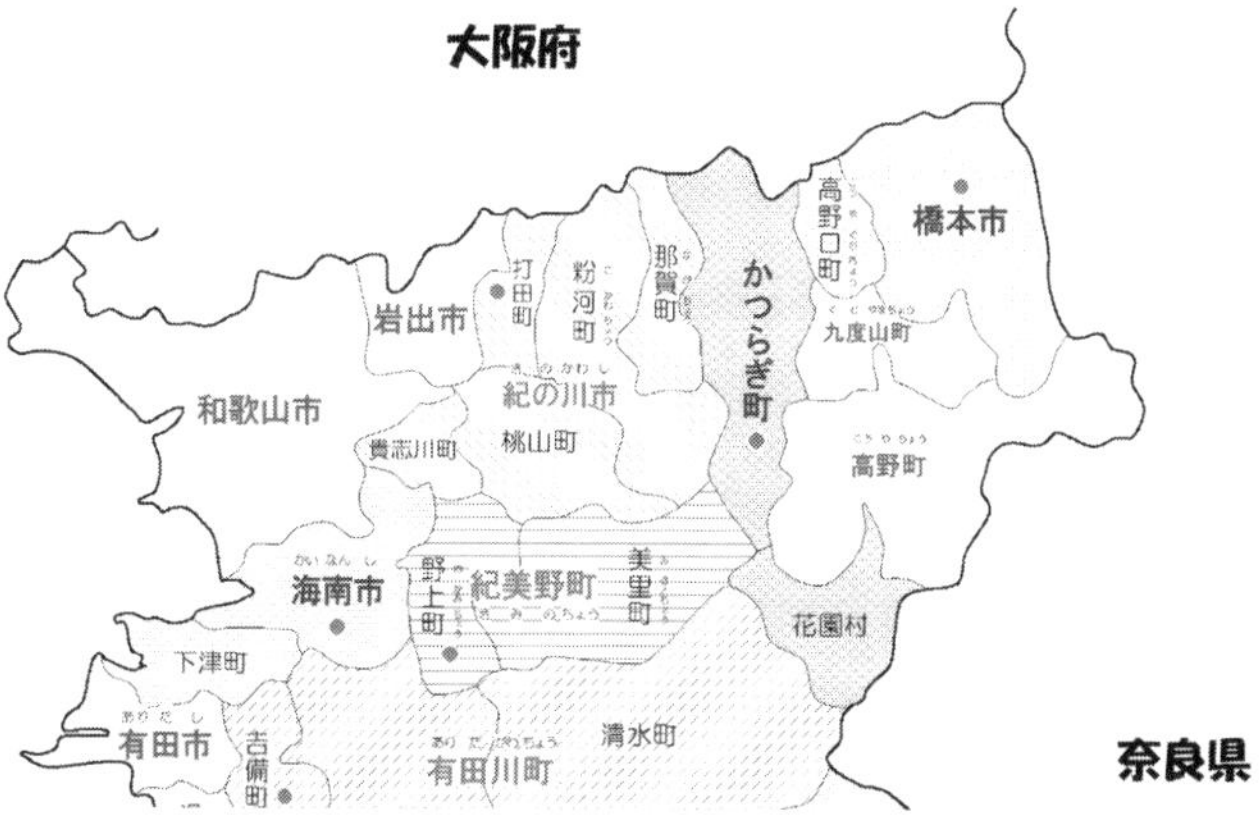

図41　国土交通省国土地理院による紀の川市など、和歌山県北部の合併状況地図
（出典：「全国都道府県別・市町村合併新旧一覧図」〔http://www.gsi.go.jp/KOKUJYOHO/gappei_index.htm〕［2018年8月21日アクセス］）

ます。特に気になるのは、集約化です。これは自治体によって政策差が大きい箇所ですが、図書館政策に力を入れてきた自治体の場合、一つの自治体内に複数の図書館を有しています。それも自治体によっては、二、三館といった規模ではなく、七、八館といった大規模なものだったりします。

特に「平成の大合併」によって複数の自治体が合併してできた自治体、特に市の場合、合併前の旧町村がそれぞれに図書館を有していて、市全域で見ると図書館設置数が豊富な状況が見受けられる場合があります。しかし「平成の大合併」から十年以上が経過するなかで、旧自治体単位で一館ずつの図書館配置を過剰投資と見なし、集約化を図る検討結果が随所に見られます。実際、二〇〇五年に打田町・粉河町・那賀町・桃山町・貴志川町の五町が合併して誕生した和歌山県の紀の川市では、一六年に既存の五館を二館に集約するという政策を実行しています。今後、このような例はさらに増えてくるでしょう。

とはいえ、第1章でも書いたように、悪い話ばかりではありません。公共施設等総合管理計画を策定するために住民の意向調査をおこなっている自治体では、特に地方部で他施設以上に図書館の存続を強く望む声が現れる傾向があります。公共施設等総合管理計画はあくまで各自治体が自律的に策定するものですので、その自治体の政策が色濃く出ます。そのため、少なくない自治体で、図書館に関しては、決して安易な廃止案だけが想定されているわけではないのです。

以上、図書館整備の背景と課題を概観してきました。本書が実践篇にして同時に基礎篇だと謳っているように、ここで述べたことは、状況の一部を垣間見たにすぎません。各自治体で実情は大きく異なる点もあります。これを踏まえながら、ぜひわがまちの状況を押さえておきましょう。

注

（1）日本図書館協会図書館調査事業委員会編『日本の図書館——統計と名簿』日本図書館協会、一九五三年—

（2）文部科学省「社会教育調査」(http://www.mext.go.jp/b_menu/toukei/chousa02/shakai/index.htm)［二〇一八年八月二十一日アクセス］

（3）日本創成会議・人口減少問題検討分科会「成長を続ける21世紀のために「ストップ少子化・地方元気戦略」」日本創成会議・人口減少問題検討分科会、二〇一四年（http://www.policycouncil.jp/pdf/

prop03/prop03.pdf）［二〇一八年八月二十一日アクセス］
（4）増田寛也編著『地方消滅――東京一極集中が招く人口急減』（中公新書）、中央公論新社、二〇一四年
（5）内閣府「農山漁村への定住等に関する居住地域別の意識」「農山漁村に関する世論調査」（https://survey.gov-online.go.jp/h26/h26-nousan/2-3.html）［二〇一八年八月二十一日アクセス］
（6）海士町島根県隠岐郡「島まるごと図書館構想」（http://www.town.ama.shimane.jp/gyosei/torikumi/4019/post-46.html）［二〇一八年八月二十一日アクセス］
（7）「Library of the Year 2014」（https://www.iri-net.org/loy/loy2014/）［二〇一八年八月二十一日アクセス］
（8）W・チャン・キム／レネ・モボルニュ『ブルー・オーシャン戦略――競争のない世界を創造する』有賀裕子訳、ランダムハウス講談社、二〇〇五年
（9）「日本☆地域番付」（http://area-info.jpn.org/）［二〇一八年八月二十一日アクセス］
（10）「日本国憲法（昭和二十一年憲法）第二十一条」（http://elaws.e-gov.go.jp/search/elawsSearch/elaws_search/lsg0500/detail?lawId=321CONSTITUTION#62）［二〇一八年八月二十一日アクセス］
（11）インフラ老朽化対策の推進に関する関係省庁連絡会議「インフラ長寿命化基本計画」インフラ老朽化対策の推進に関する関係省庁連絡会議、二〇一三年（http://www.mlit.go.jp/common/001040309.pdf）［二〇一八年八月二十一日アクセス］
（12）総務省「公共施設等総合管理計画の策定要請」総務省、二〇一四年（http://www.soumu.go.jp/main_content/000286228.pdf）［二〇一八年八月二十一日アクセス］

第3章

図書館整備の手法と進め方

1▼▼▼図書館整備の手法

本章では、実際に図書館を整備していく際の手法と整備の流れを考えていきます。

さっそくですが、整備手法とはいったい何を指すのでしょうか。ここでいう手法は建築の工法ではありません。整備手法という場合、一般的には新図書館を建てる費用をどのように捻出するのかを一義的には意味します。スタンダードな手法としては、「従来方式」と呼ばれます。これは公的資金を原資としておこなうもので、現在、依然として最も多く採用されている手法です。このような従来方式に対して、現在、台頭してきているのが民間手法です。さまざまな言い方がありますが、「民間活力の導入手法」「民間活用方式」などと言われています。

マジックワードの落とし穴

「民間手法」というマジックワード

さて、私たちARGは図書館プロデュースをなりわいの一つとする「民間」企業ですが、最初に申しておきたいことがあります。それは「民間」という言葉は、魔法の言葉ではないということです。

行政分野の方や議員の相談に乗っていると、必ずといっていいほど出てくるのがこの言葉、「民

図42　内閣府が主導する民間活力推進の動向
内閣府「民間資金等活用事業推進室（PPP/PFI推進室）」（http://www8.cao.go.jp/pfi/）（左）、内閣府「PPP/PFI推進アクションプラン（平成30年改定版）」内閣府、2018年（http://www8.cao.go.jp/pfi/actionplan/pdf/actionplan2.pdf）（右）

間」です。しかし、考えてもみてください。言葉は魔術の呪文ではありません。「民間」とつければ特別な知恵が湧いてくる、わけではないのです。当たり前のことですが、行政であれ民間であれ、本当に役立つ知恵が湧き上がってくるのは、その地域の実情や文脈を徹底的に知り尽くすためにとことん努力した場合だけです。

特に行政や議会の方々に言えますが、「民間」という言葉が持つ甘い幻想に身を委ねてはなりません。民間の知恵に頼らなくては何も発案できないのだとしたら、それは行政や議会の努力が足りていないだけです。本当にいい知恵は、湧くところには湧くものです。

この点を十分に踏まえたうえで、具体的な話に進みましょう。

代表的な整備手法としての従来方式と民間活用方式

図書館の整備方式には、大きく分けて次の二パターンの手法があると説明されることが多くあります。

・従来方式
・民間活用方式

なお、厳密に見ていくと、従来方式にもさまざまなパターンがありますし、民間活用方式も同様です。民間活用方式で有名な個別手法としては、後述するようにＰＰＰやＰＦＩという手法があり、聞いたことがある方も多いでしょう。

したがって、これら代表的な整備手法をもう少し厳密に定義するなら、以下のように分けるほうがわかりやすいと言えます。

・自治体が地方債や補助金を活用することも含めて、公的資金で施設を整備・運営する方式
・自治体と民間セクターが経済的負担も含めて連携・協働して施設を整備・運営する方式

従来方式の実際

まず、従来方式について説明しましょう。これは計画策定や設計、そして施工監理にかかる費用を原則的に自治体の資金負担でおこなうものです。当然、ここにはその業務にあたる自治体職員の人件費も含まれます。では、自治体の資金負担、言い換えれば自己資金で図書館を整備する場合、いったいどれくらいの費用が必要でしょうか。あくまで概算であり、そのときどきの工事費・資材費や人件費によって基本的に高い方向に変動しますが、土地取得も含めて考えると、三千平方メー

表2　近年の主要な図書館整備費

施設名	都道府県	開館年	延べ床面積	総工費	施設形態
瀬戸内市民図書館	岡山県	2016年	約2,400平方メートル	約10屋円	単独
市立米沢図書館	山形県	2016年	約6,200平方メートル	約29億円	複合
聖籠町立図書館	新潟県	2014年	約2,600平方メートル	約11億円	単独
北見市立中央図書館	北海道	2016年	約4,800平方メートル	約31億円	複合
高砂市立図書館	兵庫県	2016年	約2,830平方メートル	約17億円	単独
北茨城市立図書館	茨城県	2017年	約2,509平方メートル	約17億円	単独
竹田市立図書館	大分県	2017年	約1,550平方メートル	約11億円	単独
大崎市図書館	宮城県	2017年	約6,335平方メートル	約43億円	複合
太田市美術館・図書館	群馬県	2017年	約3,152平方メートル	約18億円	複合
八千代中央図書館・八千代市民ギャラリー	千葉県	2015年	約6,270平方メートル	約40億円	複合
ゆいの森あらかわ	東京都	2017年	約10,944平方メートル	約90億円	複合
ふみの森もてぎ	栃木県	2016年	約2,978平方メートル	約15億円	複合
高梁市図書館	岡山県	2017年	約2,251平方メートル	約20億円	複合

※以上、順不同。
※総工費の把握は非常に難しく、各種数値は慎重に捉える必要があります。
　なお、ここに挙げたのはあくまで一例であり、基本的には従来手法で整備された事例です。

トルの延べ床面積を持つ図書館を整備する場合、第2章ですでに述べたように、おおむね三十億円程度はかかります。

土地取得込みの概算費用ですので、当然、土地がすでにある場合、その分は安くなります。他方、離島や中山間地域のように、工事の要員や資材の確保が難しい地域の場合は、人件費や材料費がよ

写真14　県立図書館との一体型図書館への移転までの間の高知市民図書館の仮設開館

り高くつくこともあります。また老朽化した図書館の用地に建て替える場合は、古くなった施設を取り壊す（除却）費用がかかります。同じ用地で建て替える場合、新館がオープンするまでの一定期間、仮設図書館を設置することも多く、その費用も発生します。

このようにさまざまな要因が含まれるので、実際のところ、図書館整備の総額費用を明確に示すことは難しいものです。結局、ケースバイケースと言わざるをえないのが実情です。

従来方式の要となる自主財源の確保

さて、財源が確保されていれば、この手法は決して悪くないものです。あとで見るように、ＰＰＰ／ＰＦＩのような民間活用方式と異なり、大規模な事業体を組む必要がほぼないので、整備に早く着手できるというメリットがあります。これも結局はケースバイケースの話ではあるのですが、ときに民間活用方式にこだわるあまり、本来の目的である図書館整備に時間がかかりすぎるケースもあります。いまや国策として、民間活用であるＰＰＰ／ＰＦＩの可能性を検討しなくてはいけない状況になっているのですが、少なくとも図書館整備の文脈では、従来方式が一律に民間活用方式に劣るわけではないのです。

ただし、従来方式で図書館整備を進めるには、大きくは二つの認識が重要です。一つは、図書館は単に住民サービスのための文化施設ではなく、国民の「自由と権利」を守るための社会装置だという認識を強く持つことです。もう一つは、図書館法の無料原則（これは「自由と権利」の保障が背景にあるわけですが）の関係上、ＰＰＰ／ＰＦＩのような民間活用方式が、事業モデルとして常に最適とは言いがたいという認識を持つことです。

> 図書館法
> 第十七条
> 公立図書館は、入館料その他図書館資料の利用に対するいかなる対価をも徴収してはならない。(1)

これらの認識に立ち、限られた自治体財源であっても、図書館は自治体の責任として整備すべきものだという合意がとれるなら、従来方式で整備を進めることは、むしろ合理的な側面もあります。現在、整備が進められている新図書館の多くが、実は従来方式を採用しているのです。

民間活用方式の整理

PFI方式とPPP方式

民間活用手法として、現在最も普及しているのがPFI方式です。PFIはPrivate Finance Initiativeの略であり、この言葉からもわかるように、民間サイドが資金調達面を主導して施設を整備する取り組みです。日本では、「民間資金等の活用による公共施設等の整備等の促進に関する法律（PFI法）」に基づいておこなわれる事業です。法律の名称がその内容を明確に伝えていますが、民間の資金、さらに経営的・技術的能力を活用して、公共施設などの建設、維持・管理、運営をおこないます。

民間資金等の活用による公共施設等の整備等の促進に関する法律

（目的）

第一条　この法律は、民間の資金、経営能力及び技術的能力を活用した公共施設等の整備等の促進を図るための措置を講ずること等により、効率的かつ効果的に社会資本を整備するとともに、国民に対する低廉かつ良好なサービスの提供を確保し、もって国民経済の健全な発展に寄与することを目的とする。(2)

（定義）

第二条　この法律において「公共施設等」とは、次に掲げる施設（設備を含む。）をいう。

一　道路、鉄道、港湾、空港、河川、公園、水道、下水道、工業用水道等の公共施設

二　庁舎、宿舎等の公用施設

三　賃貸住宅及び教育文化施設、廃棄物処理施設、医療施設、社会福祉施設、更生保護施設、駐車場、地下街等の公益的施設

四　情報通信施設、熱供給施設、新エネルギー施設、リサイクル施設（廃棄物処理施設を除く。）、観光施設及び研究施設

五　船舶、航空機等の輸送施設及び人工衛星（これらの施設の運行に必要な施設を含む。）

六　前各号に掲げる施設に準ずる施設として政令で定めるもの(3)

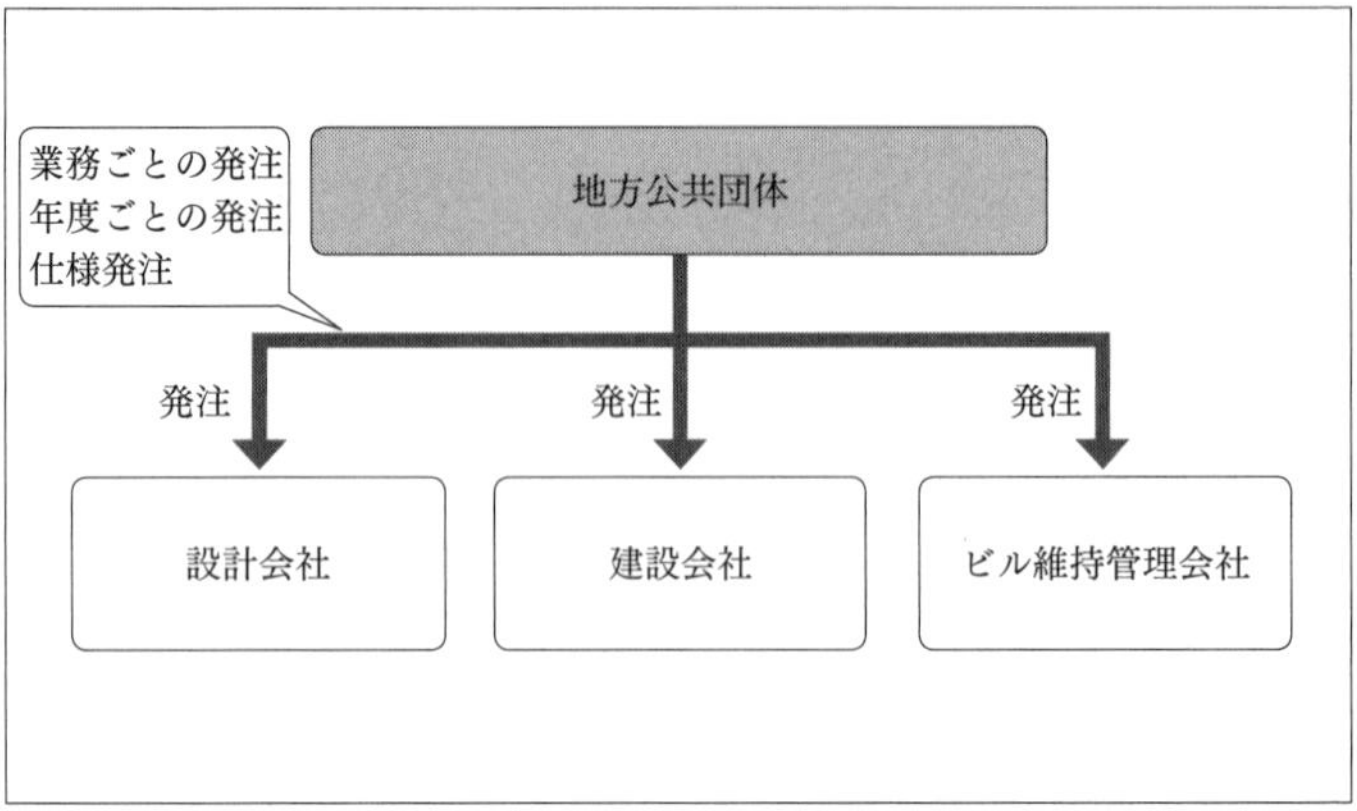

図43　従来方式
受注者（民間事業者）は発注者（地方公共団体）が定めた仕様どおりに委託業務を実行することが求められ、民間企業固有のノウハウや技術力を生かす余地が少ない（柔軟性に欠ける）。

一般に「サービス購入型」と言うのですが、自治体は、民間事業者が市民に提供するサービスの対価としての費用を事業者に支払います。なお、二〇一一年からは公共施設など運営権が設定され、コンセッション方式という独立採算型のＰＦＩも導入されています。

他方、ＰＰＰはPublic Private Partnership の略であり、行政と民間が連携・協働して事業を構築し、公の施設の整備・運営、サービスの提供をおこなうものです。図書館整備では、岩手県紫波町のオガールプロジェクトがよく知られています。オガールプロジェクトについては、第1章で紹介した『つながる図書館』の著者でもある猪谷千香さんによる『町の未来をこの手でつくる』[4]が詳しいので参照してください。

従来の公共事業（公設公営）では、業務ごとの発注、年度ごとの発注、発注者が発注内容や実施方法について詳細に仕様を決定する「仕様

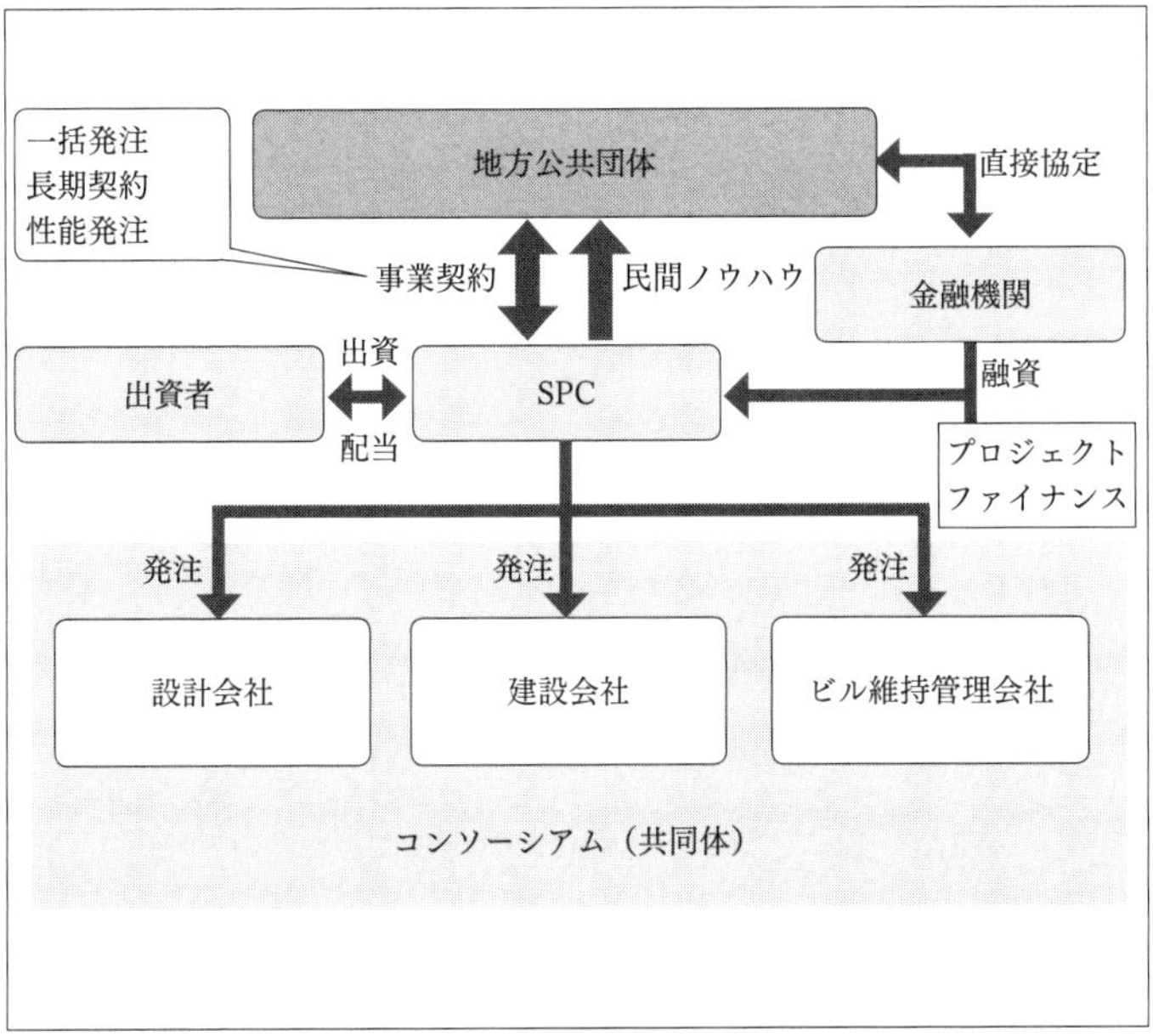

図44　PFI方式

PFI事業では、「仕様発注」よりも、発注者（地方公共団体）が求めるサービス水準を明らかにし、受注者（民間事業者）が満たすべき水準の詳細を規定する「性能発注」のほうが、民間の創意工夫の発揮が実現しやすくなる。

PFI事業では、設計、建設に必要な資金の一部をSPCが金融機関などから「プロジェクトファイナンス」という形態で調達するのが一般的で、SPCは事業の収益力を担保に必要資金の一部を金融機関から借り入れて事業をおこなう。

国や地方公共団体と金融機関はPFI事業が円滑に遂行されるように直接契約を結び、SPCが一括して事業をおこなうことで、円滑かつ総合的なサービスの提供が可能となる。

通常、多くのPFIでは設計、建設、維持管理、運営のすべての業務を長期契約として一括することで効果を得る。

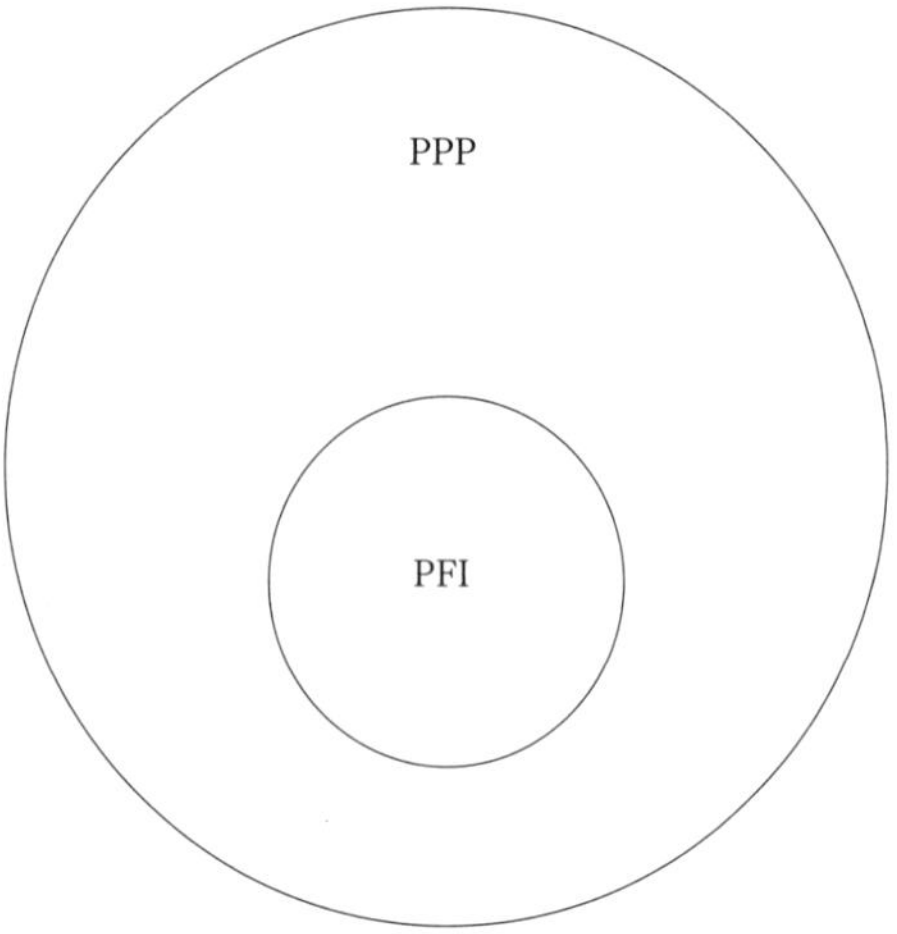

図45　PPP と PFI の関係性

発注」が基本になります。

ＰＰＰとＰＦＩに関する最低限、必要な理解

　ＰＰＰ／ＰＦＩについて、本書の範囲では次の点だけを理解してください。ＰＰＰにしてもＰＦＩにしても、図書館の世界では考え方によっては抵抗感が伴う手法でしょう。また、全国的に事例も限られています。ＡＲＧの実績でもＰＰＰやＰＦＩでの事例はごく少数です。とはいえ、明らかに台頭してきている手法であることは間違いありません。これは自戒を込めてですが、新たな手法の登場をやみくもに警戒するのではなく、正確に理解したうえで活用の是非を判断する努力は欠かせません。

　そしてもう一つ覚えておきましょう。よくＰＰＰ／ＰＦＩと併記されます。かく言う私もいま併記して使用していますが、ＰＰＰやＰＦＩは併置関係にある概念ではありません。ＰＰＰやＰＦＩの一手段です。つまり、ＰＰＰはＰＦＩを内包する上位概念なのです。この点を混同して捉えると、正確な理解を妨げますので注意が必要です。

第三の方式としての民設民営

ここまで従来方式と民間活用方式を見てきました。いずれも一長一短があることは確かです。従来方式が絶対的にいいわけでもありませんし、民間活用方式だからとにかくいいということでもありません。月並みな結論ですが、解決したい問題・課題に対してその手法が妥当かどうかという一点が、結局は重要なのです。

なお、民間活用という表現に合わないような、官と民がそれぞれの役割を果たしながら協働する取り組みも増えています。民間が主体になって稼ぎを確保しながら、公共的な役割も果たしていくという民間公共のモデルがそれです。

民間公共の流れ

さて、民間公共の取り組みとして図書館の文脈で注目されるのが「まちライブラリー」です。これは礒井純充さんが提唱して、国内外に広まってきている取り組みです。大規模な図書館ではなく、小さな図書館をカフェや寺社、個人宅やオフィスの一角といったまちかど単位で設け、本を共有する試みです。

最近では、埼玉県鶴ヶ島市や鳥取県鳥取市などで、既存の公共図書館と連携して機能するケースも登場しつつあります。これらの取り組みはいずれもすばらしいものです。しかし、一つ注意は必要でしょう。少なくとも自治体や議会が、公共図書館の代替機能として「まちライブラリー」だけを積極的に推進することが図書館政策としてはたして妥当なのかどうか、という点です。

まちライブラリーは、本来的には本を介したコミュニケーションを促進するのがねらいであり、その趣旨に賛同した市民による自発的な活動です。そうした取り組みは、「市民という民間」が結果的に公共性を育んでいるわけですが、行政サイドがそのムーブメントに安易に乗っていくかのような動きには慎重であったほうがいいでしょう。つまり、自治体が本来的に取り組むべき図書館行政から逃げて、納税者である市民の厚意や篤志に甘えてはいけないということです。

実際、私たちのところにも「まちライブラリーで公共図書館の代わりができないだろうか？」という相談がときおり寄せられます。残念ながら、その手の相談はたいていの場合、思いつきにすぎ

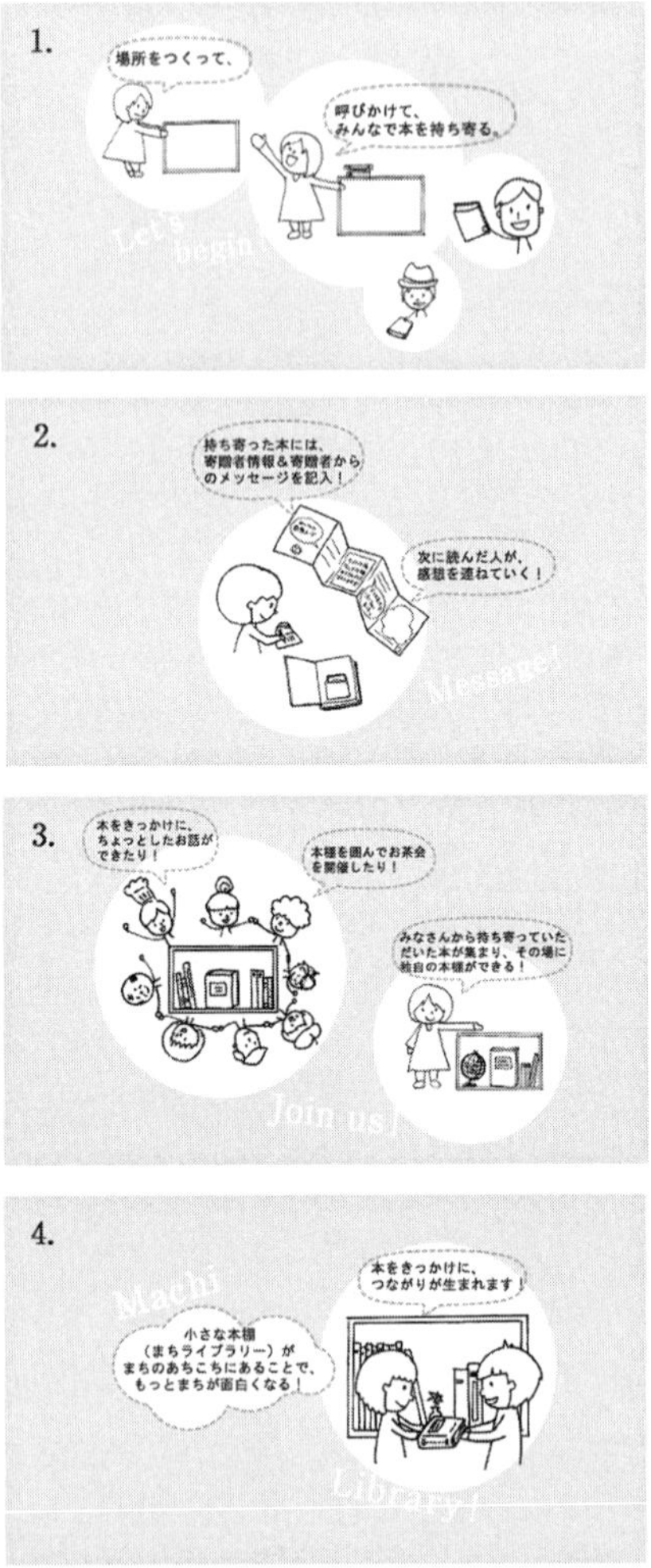

図46　IS まちライブラリー
（出典：「まちライブラリーとは？」〔http://machi-library.org/what/〕［2018年8月21日アクセス］）

ないと感じています。まちライブラリーの特性は、設置者がいつでも始められ、いつでもやめられるという点です。この気楽さは、まちライブラリーに欠かせない特性です。

そういった特性があるまちライブラリーに行政サービス並みの図書館の役割を期待するのは、安易な思いつきではないでしょうか。仮にまちライブラリーを既存の図書館サービスと連動させて、公共の図書館サービスの一部機能を代替してもらうのなら、結局のところ一定の予算措置が必要になってくるのではないでしょうか。もちろん、公共性がより高い民間篤志の取り組みが増えていく

写真15　ISまちライブラリー

ことは理想です。しかし、公共サービスを実現する側が民間公共の取り組みを要求すると、それはときとして公的セクターによる私的セクターへの滅私奉公の要求に転じかねないということを、肝に銘じたほうがいいでしょう。

2▼▼▼図書館整備の進め方

一般的な八段階

ここまで図書館整備の手法について述べましたが、ここからは主に従来方式による一般的な図書館整備の進め方を概説していきます。なお、あくまで「一般的」としているとおり、これが絶対的なルールというわけではありません。この点は本書での姿勢として一貫していますが、自治体の実情に応じたさまざまな進め方があるはずです。

まず図書館整備の進め方の流れを整理すると、一般的には、おおむね八段階のプロセスがあります。

1、基本構想　2、基本計画　3、設計者選定　4、基本設計　5、実施設計
6、施工監理　7、開館準備　8、開館

一つずつ説明していきましょう。

①基本構想（一年目安）

どのような図書館を整備するのか、基本的な考え方をまとめた基本構想を策定します。基本構想で主に整理するのは次の諸点です。

・図書館環境・情報環境の実情と課題
・図書館の基本的な理念や基本方針
・図書館整備のおおまかな方向性
・理念や基本方針に基づいておこなうべきサービス像

よく聞かれることでもあるのですが、基本構想の段階で図書館を設置する具体的な場所を明確にするかどうかは、その自治体の実情によるところが大きいと言えます。自治体内で誰がどう考えてもそこしかないという場所があれば、基本構想に予定地を明記すること

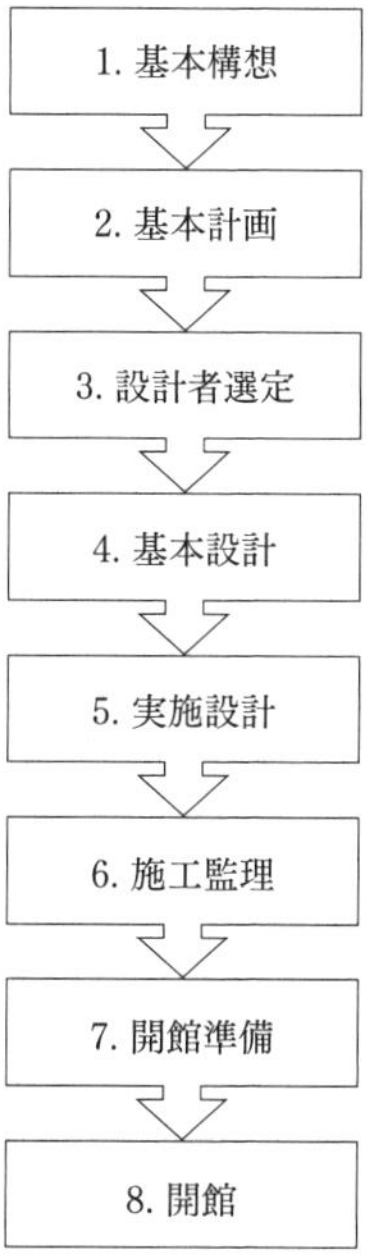

図47　図書館整備の進め方

があります。他方、図書館建設が確定しない段階で周辺地価への無用な影響を与えないように、場所の記述には踏み込まないのも珍しいことではありません。

それよりもこの段階で大事なのは、実情の把握と基本理念の入念な確認です。特にいま図書館がない場合、とにかく図書館を整備することばかりに目がいきがちです。それはそれで仕方がないことではありますが、いまある図書館や情報環境の実情をしっかりと把握しましょう。

たとえば、学校図書館はいまどのような状況にあるのでしょうか。公民館があれば、そこにある図書室はどのような状況でしょうか。あるいは、地域住民の交流拠点として機能している場所や機会として何があるのでしょうか。

そして、理念です。公共施設である以上、特定個人の思いで整備していいわけではありません。図書館を整備することで、地域に何がもたらされるのでしょうか。図書館は何を実現すべきなのでしょうか。こうした土台の議論をじっくりとしておく必要があるのが、この基本構想の策定段階です。この点が明確になると、のちのち図書館設置条例を定める際に、たとえば次のような非常に明確な役割の定義が果たされます。

伊万里市民図書館設置条例
第一条　伊万里市は、すべての市民の知的自由を確保し、文化的かつ民主的な地方自治の発展を促すため、自由で公平な資料と情報を提供する生涯学習の拠点として、伊万里市民図書館（以下「図書館」という。）を設置する。(5)

この条文からは理念などの検討を綿密におこなったことがうかがえます。なお、本条文以外にも同条例は図書館設置条例の模範と言える内容です。

②基本計画(一年目安)

基本構想が策定され、議会での説明や市民への説明を経て、一定の賛同を得た段階で、次に基本計画の策定へと進みます。基本構想とは一転、基本計画では決めるべきこと、決められることを可能なかぎり確定していきます。

先にふれた予定地はもとより、図書館の名称案や設置する施設の数(一館なのか、複数館なのか)、施設の面積、収蔵可能な図書数、開館日数や開館時間、提供するサービスと、ある程度まで明確にすべき項目を挙げていけばキリがないほどです。

そして、基本計画で欠かせないのが、設計から施工、開館など、その先のスケジュールです。ときとして、このスケジュールが白紙のままの基本計画を目にすることがあります。残念ながら、そのような計画が日の目を見たケースはほとんどありません。少し強い言い方をすれば、仮に財源確保の折には実現するという条件付きだったとしても、スケジュールのめどを明記できない計画では、実現の可能性はあまり期待できません。

なお、自治体によっては、このあとさらに図書館としてのサービス計画や実施計画という、より詳細かつ具体的な計画を策定することがあります。

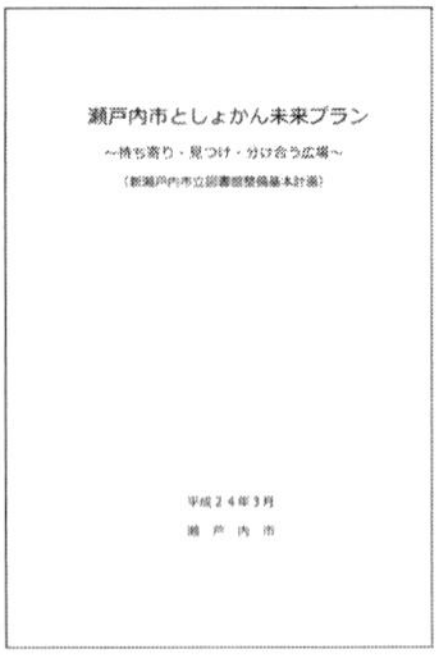

瀬戸内市としょかん未来プラン

~持ち寄り・見つけ・分け合う広場~

(新瀬戸内市立図書館整備基本計画)

平成24年3月

瀬 戸 内 市

3　新図書館の建設計画

「第2次瀬戸内市総合計画」では、「互いに学びあい、教えあい、人がつながるまち」として、「身近な学習活動の場所を整備します」という項目で、公民館・図書館の整備を掲げている。総合計画によるまちづくりに鑑み、以下の検討をした結果、中央公民館と新図書館を一体的に整備し、連携、融合することで、新図書館の機能をより有機的に高めることを目指す。

(1)新図書館の位置と規模

①　敷地条件

・　人が集まる場所

瀬戸内市役所本庁、瀬戸内市民病院や商業施設が近くにあり、ある程度人口が集まっている場所であること。また、邑久駅や路線バスのバス停が近いなど、交通アクセスが比較的恵まれた場所であること。

・　安全・安心に利用できる場所

利用者は、主に自動車や自転車での利用が多いことから、歩道等の整備された道路沿線の場所であること。

・　文教施設に近い場所

公民館、幼稚園、小学校、中学校、高等学校などの文化教育施設に近く、生涯学習の拠点となる場所であること。

・　新図書館建設の実現性が高い場所

新図書館建設が可能な敷地が確保できること。

敷地条件(図3)

12

図48　瀬戸内市民図書館もみわ広場の基本計画
(出典:瀬戸内市「瀬戸内市としょかん未来プラン――持ち寄り・見つけ・分け合う広場(新瀬戸内市立図書館整備基本計画)」瀬戸内市、2012年〔https://lib.city.setouchi.lg.jp/miraiplan.pdf〕[2018年8月21日アクセス])
※同館の一連の計画文書は非常に参考になる。特に基本計画や整備実施計画はぜひ熟読してほしい。

③設計者選定（三―六カ月目安）

基本構想と同様、基本計画も議会や市民の同意を経て、次のプロセスにあるのは、一般的に基本構想・計画に基づいて図書館建築のあり方を規定する図書館建築の設計（事業）者の選定です。なお、建築的な意匠について、これから選定する設計者への要望を示すこともあります（地域の伝統建築様式と一体感を持った外観とする、など）。

設計者の選定は主に、次の三方式のいずれかでおこなわれます。

・入札（価格競争方式／総合評価落札方式）
・指名型プロポーザル
・公募型プロポーザル

私たちの経験からすると、入札での設計者選定は絶対に勧めたくない選択肢です。入札は、言うなれば価格面での競争です。「安かろう、悪かろう」にならないよう、自治体もさまざまな工夫はしますが、結果的には実力や可能性ではなく、そこそこの実績がある事業者間での価格競争にしかならないものです。

二つ目と三つ目のプロポーザルは、図書館の設計業務委託では一般的に採用されている方式です。指名型の場合、その自治体に調達への参加をあらかじめ登録している事業者から複数社を指名して、参加・提案を募るものが一般的です。公募型の場合は、文字どおり広く募るものですが、自治体によっては事前の事業者登録を求めています。

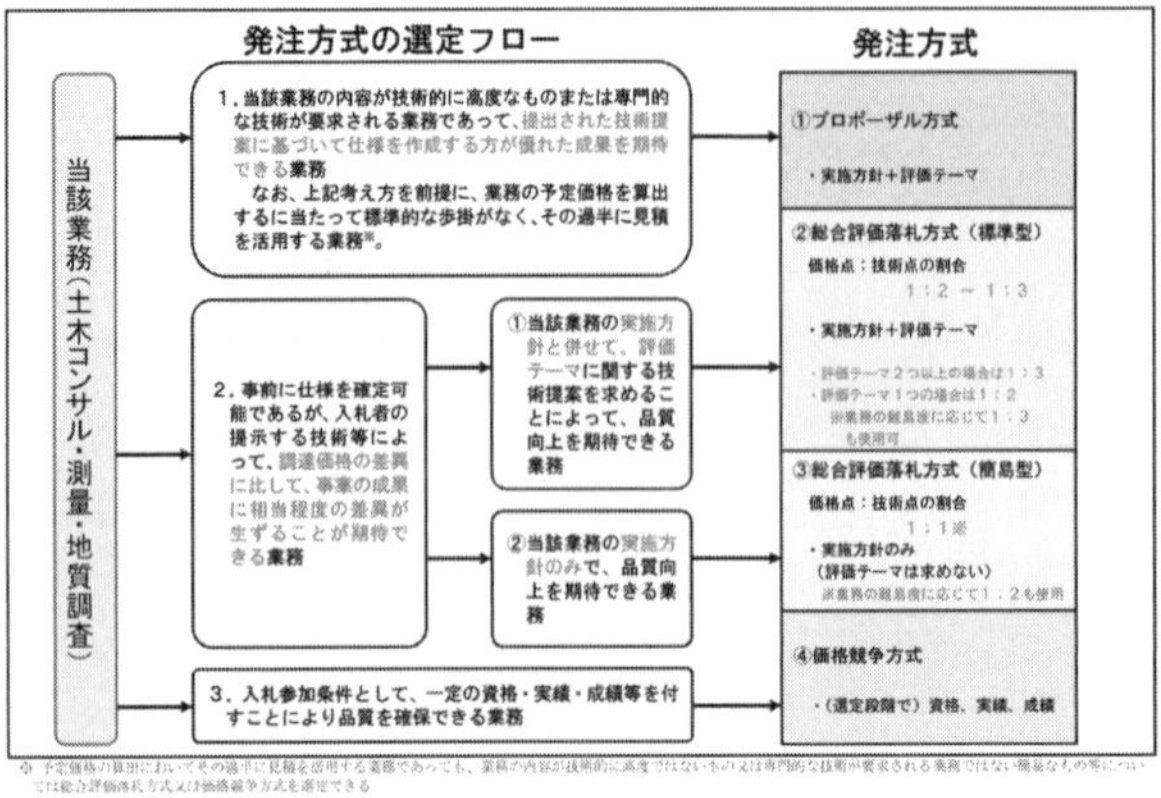

【建築】

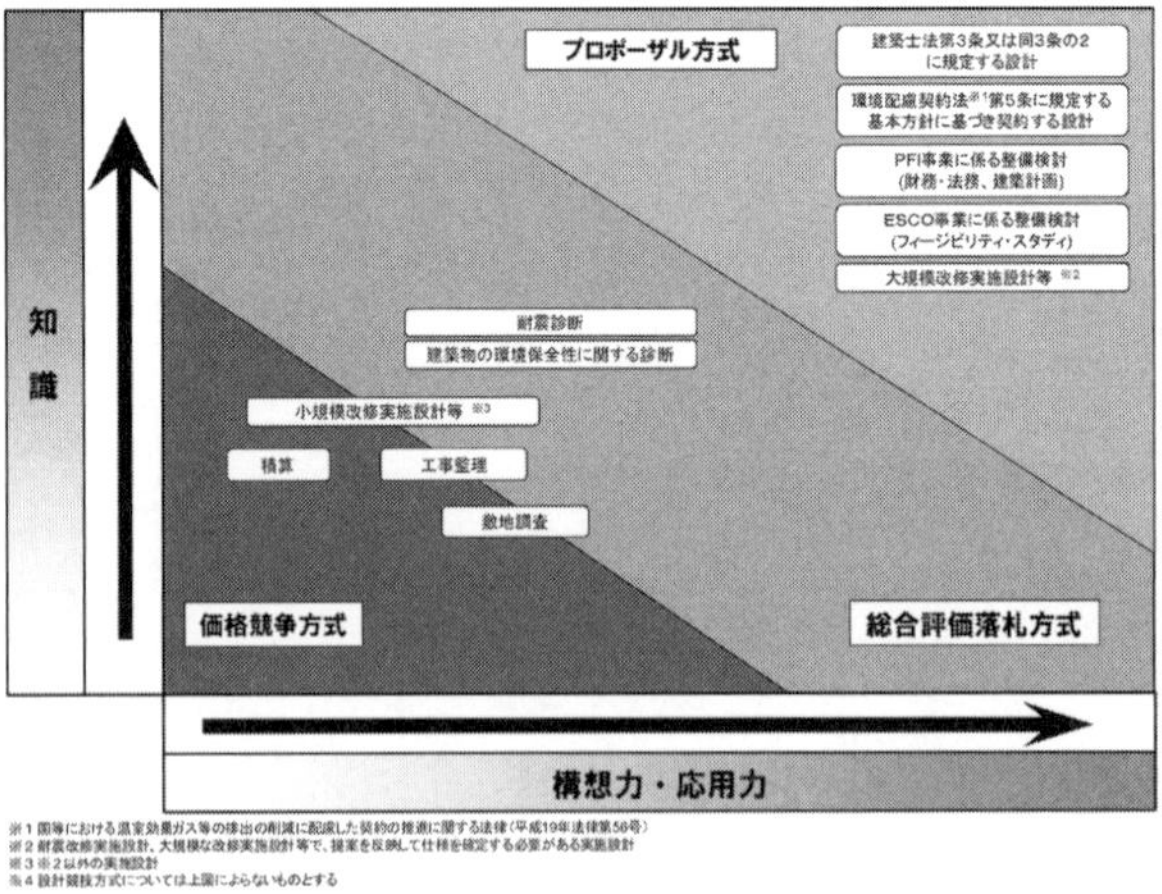

図49　国土交通省「建設コンサルタント業務等におけるプロポーザル方式及び総合評価落札方式の運用ガイドライン」国土交通省、2015年（http://www.mlit.go.jp/tec/nyuusatu/keiyaku/201511/151124guideline.pdf）

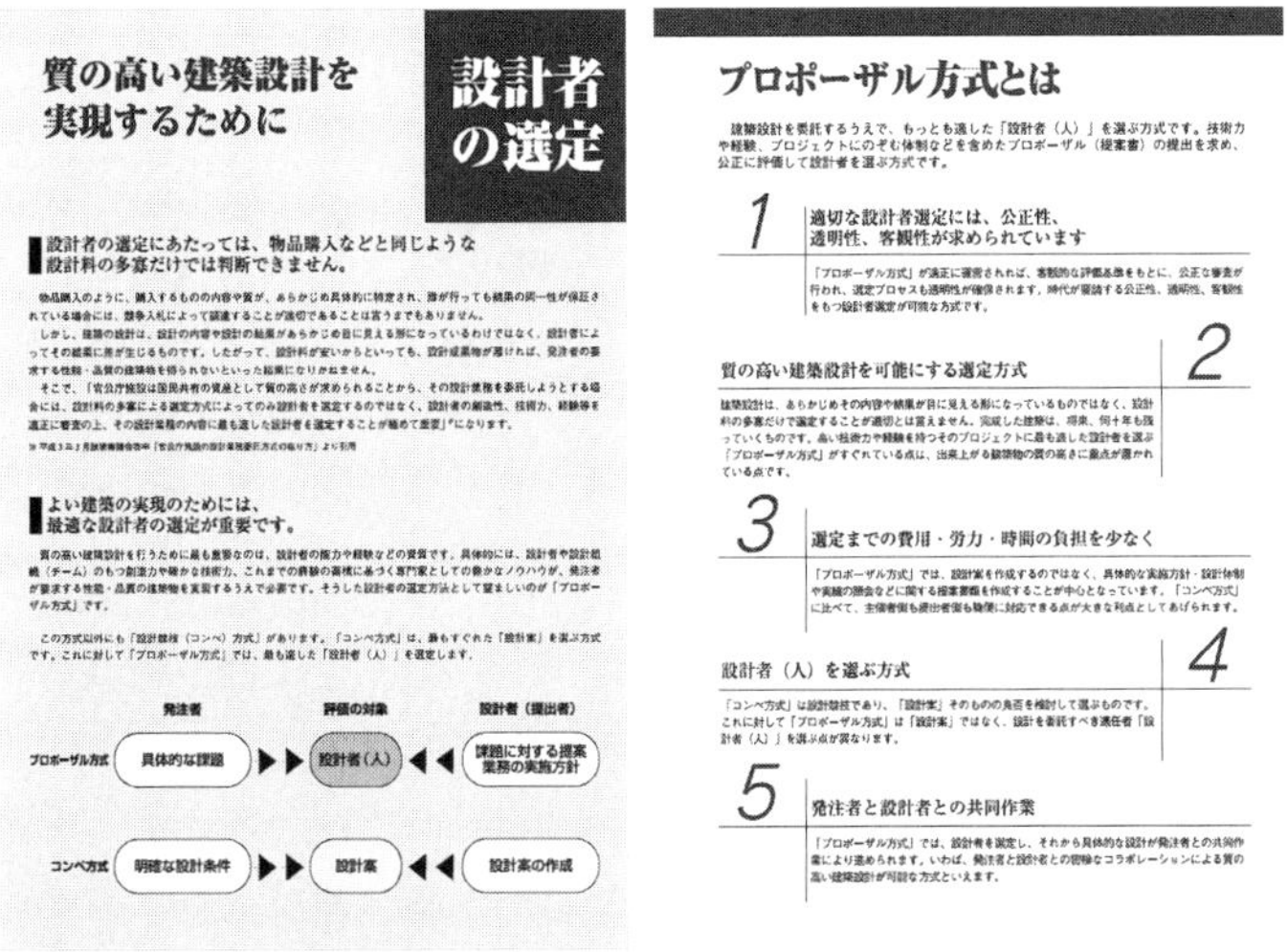

図50　国土交通省大臣官房官庁営繕部「プロポーザルを始めよう！——質の高い建築設計の実現を目指して」国土交通省、2008年（http://www.mlit.go.jp/gobuild/sesaku/proposal/2008-8.pdf）

私たちは設計会社ではないので、本書である意味、最も公正中立な立場で言えることの一つですが、基本構想や基本計画にきちんと依拠した図書館の建築設計を進めるためには、事業者登録の有無に関係なく、広く全国から事業者を募るのがいいでしょう。

このプロポーザル（Proposal）とは、文字どおり「企画・提案」を意味します。一般的には、プロポーザルをおこなう自治体が基本構想や基本計画に基づく提案課題を設定して、設計事務所から企画・提案書を募って審査します。混同される似た方式に、「コンペ（ティション）」（Competition）があります。こちらは設計競技とも言い、具体的な「設計提案」を募ります。したがって、提案を選ぶコンペに対して、プロポーザルは人を選ぶ、「設計者」を選ぶという違いがあります。

ちなみに審査は、一般的には学識経験者（まちづくり、図書館、建築、社会教育・生涯学習などの専門家）と自治体職員（副市町村長や教育長、各部門の管理職上層部）、自治体関係者（市内団体関係者といった市民など）で構成する審査委員会がおこないます。審査はおおむね書類による一次審査を経て、プレゼンテーションと質疑による二次審査があり、最終的な設計者を選定します。

④基本設計（一年目安）

設計者が確定すると、図書館の建築部分の検討がいよいよ始まります。この設計プロセスは「基本設計」と「実施設計」の二段階に分かれますが、自治体としての考え方や施設規模によっては、一本化して進行することもあります。

基本設計でおこなわれるのは、文字どおり基本的な設計事項の確定です。基本構想や基本計画で示された図書館像を立体的な建築物として実現するために、必要な建築技術面の検討が進められます。この過程で図書館の外観だけでなく、一般に「諸室」という言葉を用いますが、図書館内にどのような部屋を設けるのか、それぞれの部屋の面積規模はどの程度にするか、などの諸室の構成や、諸室に導入する本棚・書架の形状・機能、ＩＣＴ機器の機能なども決めていきます。

この基本設計は、異なる立場の専門家同士が一つの図書館をつくりあげるために結集する場です。そのときに大事なのは、設計者の人となりだというのが、私たちの実感です。私たちもしばしば基本設計や実施設計の段階で建築士と協業しますが、建築士の異分野コミュニケーションの力にはいつも注目しています。難しい専門用語に頼らずに考えを伝える努力をしてくれているかどうか、逆に図書館についてよくわからないことをそのままにせず、きちんと質問してくれているだろうか、

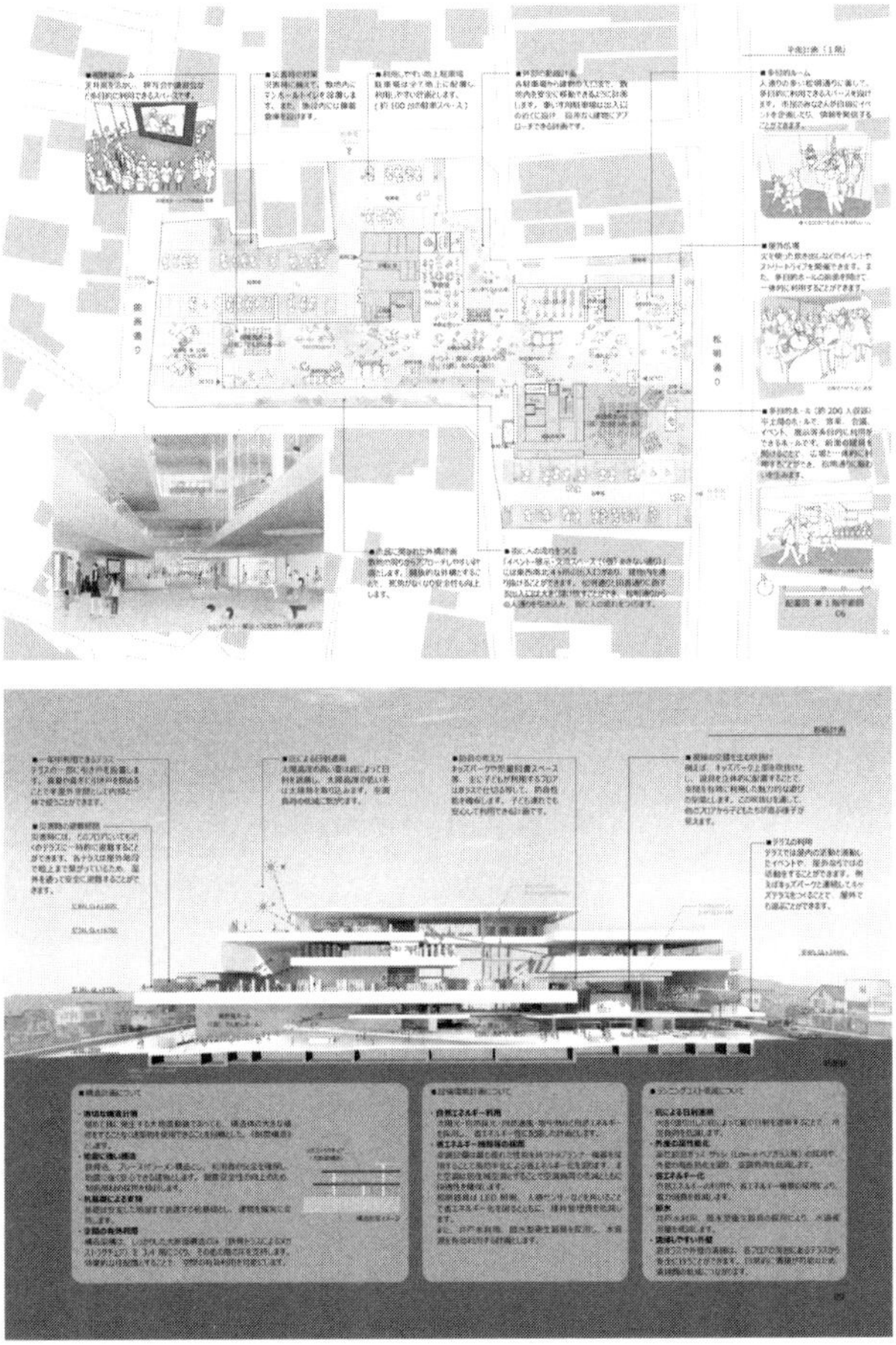

図51　須賀川市民交流センターの基本設計書類
（出典：須賀川市「（仮称）市民交流センター基本設計説明書——概要版」須賀川市、2014年〔http://www.city.sukagawa.fukushima.jp/secure/7924/kouryu-c_kihon_giyou.pdf〕［2018年8月21日アクセス］）

といった点です。この段階でのコミュニケーションや仕事に対する誠意の程度は、施設のできあがりに大きな影響を与えます。

なお、基本設計が終わると、一般的にはパース図と呼ばれる施設内外観の立体図や施設の間取りを示した平面図ができあがってきます。また、実際の施工に伴う工事費の概算も明らかになってきます。

⑤実施設計(一年目安)

基本設計を終えると、次に実施設計に入ります。実施設計も設計業務なのですが、基本設計と大きく異なるのは、次のプロセスに施工が控えるという点です。つまり、あとがないわけです。

そのため実施設計では、工事に入った際に建設を請け負う作業員が何をどうすればいいのか、明確にわかるような図面の作成を終えていることが理想的です。図面は施設の建物部分だけでなく、電気設備や機械設備、配線・排水などの詳細な作業図も含みます。そして、このタイミングで積算と言われる最終的な費用見積もりがおこなわれ、詳細な工事費が確定します。

⑥施工監理(一—二年目安)

実施設計を終えて図面と工事費が確定すると、通常は入札による調達がおこなわれ、実際に建物をつくっていく施工監理に移ります。施工は文字どおりつくっていく作業で、監理は設計どおりに工事が進んでいるかを確認する作業です。

通常、監理業務は、基本設計や実施設計を担った設計事務所が受け持ちます。施工監理に要する年月は施設規模によって大きく変動しますが、よほど大規模な施設でなければ、二年以内に完了するのが一般的です。

⑦開館準備（六カ月目安）

無事に施工監理の段階を過ぎると、いわゆる竣工となります。何段階かの検査を経て問題がなければ、施設は工事事業者から自治体へと最終的に引き渡されます。しかし、まだ開館までには工程があります。ここから開館準備が始まります。実際には、施工段階から準備が進められるのが一般的ですが、建物の引き渡しを受けると、什器設備やＩＣＴ機器の設置、図書の配架が始められるようになるわけです。

施設内の設備や図書の設置・配架が一段落してくるにしたがって、新たに導入した機器の操作実習や実際の施設運営のオペレーション練習をおこない、開館に備えます。

⑧開館

こうして開館を迎えます。開館日は記念式典をおこなうことが多く、おそらく図書館整備の最終段階で最も多忙な時期になります。そして、大事なことですが、「図書館はオープンすれば終わり」ではありません。この開館こそがはじまりであり、「図書館をはじめる」ことがここからスタートするのです。

写真16　西ノ島町コミュニティ図書館のオープニングの様子（2018年7月）

以上、一般的・標準的な進め方を八段階に分けて説明しました。繰り返しますが、この進め方はあくまで一般的・標準的なモデルであることにご注意ください。実際の進行は、その事業ごとに実にさまざまです。基本構想の策定のあと、基本計画を策定せずに一気に設計に進むケースもありま

表3　瀬戸内市民図書館もみわ広場が開館するまでの推移

2009年7月：図書館設置を公約にした現市長初当選
2010年10月：瀬戸内市新図書館整備検討プロジェクトチーム発足
2011年5月：「新瀬戸内市立図書館整備基本構想」策定、公表
2012年4月：「新瀬戸内市立図書館整備基本計画」策定、公表
2013年4月：「新瀬戸内市立図書館整備実施計画」策定、公表
2013年5月：新瀬戸内立図書館設計委託予算が議会で可決
2013年7月：新瀬戸内市立図書館設計者選定プロポーザルによって契約候補者を選定
2013年10月：新瀬戸内市立図書館基本設計、完了
2014年3月：新瀬戸内市立図書館新築工事請負費を含む予算案が議会で可決、新瀬戸内市立図書館実施設計、完了
2014年12月：新瀬戸内市立図書館新築工事入札、工事着工
2016年2月：新瀬戸内市立図書館新築工事、完了
2016年6月：開館

す。またこのあとで詳しくふれますが、基本構想を策定したあと、基本計画と基本設計を同時に進行させる場合もあります。

そして、民間活用方式の場合や、エリア全体の大規模な再開発の一環である場合は、計画と設計を事業者に一括して発注することもあります。設計と建設がセットになって発注されるデザインビルドという方式（DB方式）もあります。どのような進め方であれ、これが決定版という方法はなく、大事なのはあくまでその計画や事業に最もふさわしい方式を編み出していくこと、その手法がそのプロジェクトに適切であるかどうかの一点です。

一連のフローの検討と問題提起

必要年数をどう捉えるか

さて、図書館整備の一連のフローを概観しましたが、どのように感じたでしょうか。あくまで目安にすぎませんが、少なくとも基本構想から実施設計までの各プロセスはそれぞれ一年程度を要します。また構想や計画、設

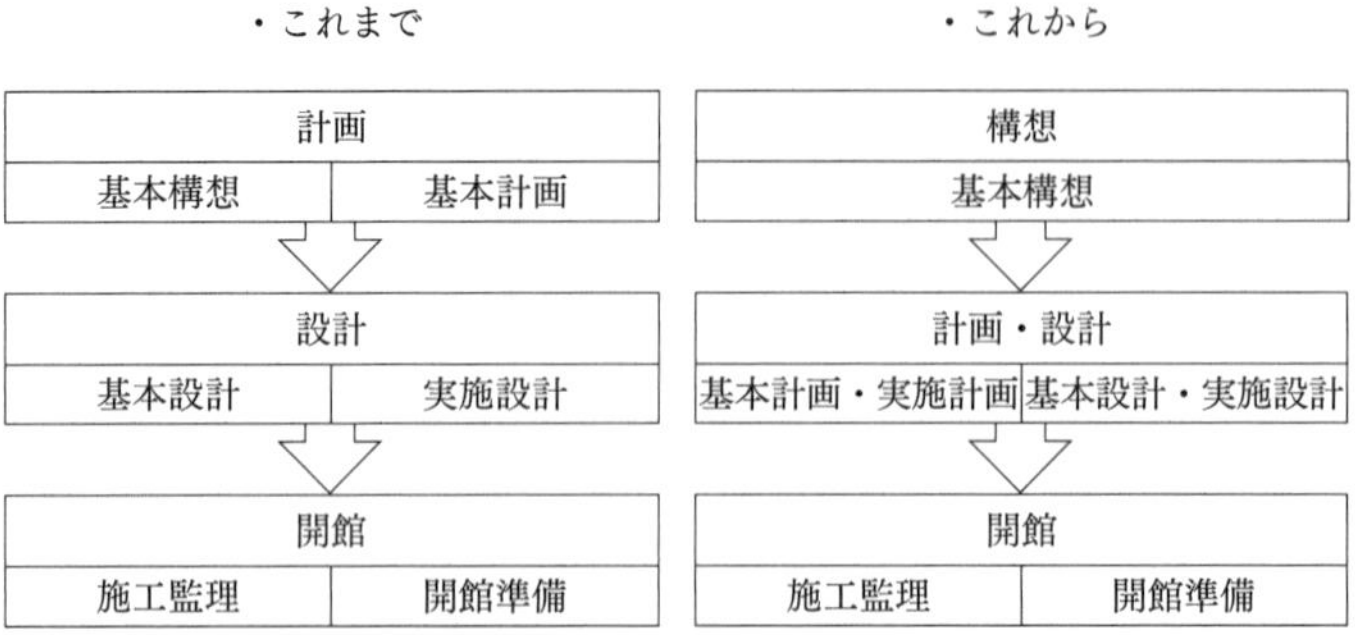

図52　直列進行よりは並列進行を

計の各案は民主主義の重要な手続きとして、議会での同意や市民の合意を得る必要があります。当然、その周知・説明にも一定の時間がかかります。

このため、おおむねではありますが、すべての工程にそれなりの時間をかけると、基本構想の策定開始から開館まで五年から七年程度を要しても不思議ではありません。もちろん、民間活用の手法を用いることで、ある程度の段階を一括して委託して時間を節約することも不可能ではありません。ただ、従来方式の進め方でも、私たちの経験からすれば、もう少し効率化できなくはありません。この点に少しふれましょう。

直列進行よりは並列進行を

図書館整備の各段階で私たちはこれまで数多くの仕事をしてきていますが、いま説明したフローを単純に進めていく直列進行にはいささか疑問を持っています。特に構想・計画の策定と設計の策定に関しては、本当に前後関係を持たなくてはいけないのか、疑問というよりは懸念があります。実際の経験からすると、基本計画と基本設計を同時におこない、さらに実施設計の段階で図書館の具体的なサービス計画にあたる実施計画を策定するという並列進行のほうが、よりいい図書館整備ができるという実感があるからです。

実際、二〇一六年から一八年にかけておこなわれた島根県の西ノ島町でのコミュニティ図書館整備事業では、基本計画と基本設計、実施計画と実施設計、施工監理と開館準備を同時並行で進めてきました。西ノ島町は隠岐諸島・島前地域の人口二千九百人前後の離島です。離島であり、小規模自治体であるがゆえのスピード感に助けられているからこそ、このような同時並行が実現している部分もゼロではありません。しかし、やはり並行して進むことで、設計仕様と連動する図書館サービスのあり方について、仕様を確定させるギリギリの段階までこだわれるという効果を実感しています。

欠かせない業務区分の理解

直列進行であれ並列進行であれ、図書館整備は段階を踏んで進んでいきます。その際、特に図書館整備に関心を持ち、積極的に関わっていきたい市民の方々に伝えたいことがあります。それは、業務区分を理解することの大切さです。事業を進行していく自治体関係者や事業の一部を受託している私たち民間事業者も反省すべき点がありますが、図書館に限らず自治体の事業には、区分というものがあります。たとえば、いままで構想・計画から設計、施工というフローを見てきたように、各段階で区分があります。

この区分を理解しておかないと、提案を実現しにくくなります。たとえば実施設計が確定したあとでは、新たな設計案を反映しづらいのです。しづらいというのはやや控えめな言い方で、現実には相当困難と言っていいでしょう。構想であれ、計画であれ、設計であれ、各段階を終えるたびに議会での同意や市民間の合意をとっているからです。

同意手続きの進み方

たとえば、議会での同意はこのように得ていきます。一般的には全員協議会（全協）という会議が招集され、そこで全議員に対して計画案や設計案が説明されます。それを受けて議員は議会の本会議や各委員会で質問をおこない、それに首長や教育長、自治体幹部職員が答弁します。大きな問題がなければ、次のプロセスに進むための予算案、たとえば設計委託費の予算案が可決・成立して先に進みます。

市民間の合意の場合は、案に対するパブリックコメントの実施や市民対話集会の開催などの手順を踏むことが多いでしょう。こういった手続きを経て、案が確定していきます。

業務区分理解の務め

このように、一定の手続きを経て図書館整備は進んでいきます。これには時間がかかりますが、民主主義のコストと言えるでしょう。そして、このように進んでいく以上、その手続き期間を過ぎて確定した計画や設計にあとから物を申すのは非常に難しいのです。行政の立場からすれば、手続きを締め切ったあとに一部の方たちの意見を踏まえて計画や設計を見直すことは、原則的にはできません。なぜなら、そのようなことをすれば、手続きにのっとった方たちを軽視することになってしまうからです。

この点の認識の不足やずれによって、図書館整備についてはそれ自体、誰も反対ではないのに、進め方について異論・反論が噴き上がるケースは少なくありません。もちろん、業務区分を市民に正確に理解してもらうようにするのは、行政の義務です。しかし、市民も事業はいまどの段階にあり、何を決めようとしているのか、いつまでに決めなければいけないのか、などの事業区分を理解する努力を怠らないようにしてほしいと願っています。自分たちの希望がかなう図書館を実現したいのであれば、区分を正確に理解する努力が欠かせないのです。

こう書くと、では、理解するためにはどうすればいいのかと当然思うでしょう。答えは明快です。聞きましょう。尋ねましょう。行政の担当者や受託事業者の担当者に、いまはどこまでを決める段階なのか、次にどのようなプロセスに進むのか、遠慮なく聞いてください。あなたにはその権利があるのです。なぜなら、公費で整備しようとしている以上、あなたもその図書館の施主だからです。

注

(1)「図書館法（昭和二十五年法律第百十八号）第十七条」(http://elaws.e-gov.go.jp/search/elawsSearch/elaws_search/lsg0500/detail?lawId=325AC0000000118#75)［二〇一八年八月二十一日アクセス］

（2）「民間資金等の活用による公共施設等の整備等の促進に関する法律（平成十一年法律第百十七号）第1条」（http://elaws.e-gov.go.jp/search/elawsSearch/elaws_search/lsg0500/detail?lawId=411AC1000000117#2）［二〇一八年八月二十一日アクセス］

（3）「民間資金等の活用による公共施設等の整備等の促進に関する法律（平成十一年法律第百十七号）第11条」（http://elaws.e-gov.go.jp/search/elawsSearch/elaws_search/lsg0500/detail?lawId=411AC1000000117#2）［二〇一八年八月二十一日アクセス］

（4）猪谷千香『町の未来をこの手でつくる――紫波町オガールプロジェクト』幻冬舎、二〇一六年

（5）「伊万里市民図書館設置条例（平成7年3月28日 条例第2号）第1条」（http://www1.g-reiki.net/imari/reiki_honbun/q206RG00000489.html）［二〇一八年八月二十一日アクセス］

第4章

図書館整備にあたってのFAQ

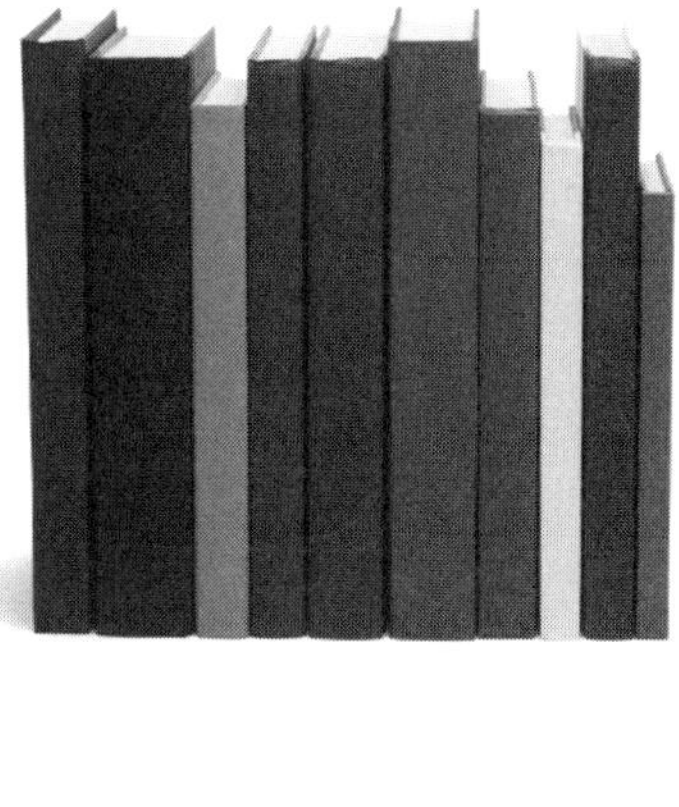

本書も、いよいよ終盤です。ここまで、私たちの見解は挟まずにあくまで一般的に想定される手法と進め方を述べてきました。そこで本章では、図書館プロデュースをなりわいとする私たちARGであればこう考えるという事柄を、よくある質問、いわゆるFAQ形式で紹介していきます。

1▼▼▼どのように市民の意見を集約するのか？

前章でも述べたように、図書館整備にあたっては自治体全体で意見を集約する必要があります。公費を投じる以上、これは絶対に必要な手続きです。とはいえ、実際には百パーセントの同意はありえません。考えや立場が異なるすべての方が完全に同意できるというのは幻想でしょう。

合意形成以前の主体性形成

しかし、賛否を踏まえたうえで、一定の合意を図っていく必要はあります。では、その際にどのように意見を集約するのが望ましいのでしょうか。

まず確認しておきたいのですが、前著『未来の図書館、はじめませんか？』でも詳しく述べたように、完全なる合意形成はやすやすとかなうものではありません。安易に合意を形成しようという考え方には慎重でなくてはなりません。合意形成以前にまず必要なことがあります。それは首長であれ、議員であれ、行政職員（図書館職員も含まれます）であれ、市民であれ、図書館整備の利害関係者が一人でも多く、主体的になるということです。

図書館整備に限りませんが、公の事業の原資が税金である以上、その事業の行く末は他人事ではないのです。ここまでにもふれたように、現在の厳しい財政状況下で政策を誤れば、将来に大きな禍根を残します。しかもその禍根は、巨額の経済的な負債や巨大な負の遺産施設という明確な形をとるのです。図書館整備に賛成であれ反対であれ、図書館整備に関心があろうがなかろうが、利害関係者としての責任からは逃れられません。まず、このことを肝に銘じましょう。

では、現実的にはどのようにして図書館政策に関わっていく道がつくられるのでしょうか。よくある方式の一つは、市民参加の検討委員会の設置です。そして、これもいまや標準化されたと言えるほどに普及・浸透しましたが、市民参加のワークショップの開催があります。

委員会方式の是非

まず、市民参加の検討委員会方式について考えてみましょう。図書館整備にあたって、有識者と公募市民で構成する検討委員会を設置する自治体は多いのです。むしろ、検討委員会の設置なしに事業が進んでいるケースのほうが珍しいとさえ言えます。

私たちも、しばしばこの委員会設置について相談を受けますし、実際に検討委員会の開催を支援する仕事もしてきました。また私自身、佐賀県・埼玉県・静岡県などの自治体で図書館整備の検討委員会の委員になってきました。こうした経験から言えることが一つあります。それは、検討委員会方式には課題も多いということです。

佐賀県「これからのまなびの場のビジョン検討懇話会」委員

（H25.6.19-H27.3.31）

氏名	所属・役職名（H25.6.19時点）	
犬塚《いぬつか》　博紀《ひろき》	ユニティデザイン一級建築士事務所代表	
江崎《えさき》　ひとみ	佐賀県 evangelist（佐賀大学生）	
大久保《おおくぼ》　邦子《くにこ》	文化ボランティアコーディネーター	
大串《おおぐし》　夏身《なつみ》	昭和女子大学大学院特任教授	副座長
岡本《おかもと》　真《まこと》	アカデミック・リソース・ガイド株式会社代表取締役	
関《せき》　好古《よしふる》	ハウステンボス株式会社営業統括本部マーケティング部部長代理	
三輪《みわ》　嘉六《かろく》	九州国立博物館長	座長
吉川《よしかわ》　あゆみ	大原美術館主任学芸員	
吉住《よしずみ》　磨子《まこ》	佐賀大学文化教育学部教授	

（五十音順）

図53　大幅に若いメンバー構成で実施された佐賀県「これからのまなびの場のビジョン検討懇話会」

その課題とは、端的に言えば、形式的に委嘱を受けている委員が多い場合、委員会は本来期待される役割を果たさないということです。特に有識者になかば引退している方を配置している場合や、社会教育関係者・学校教育関係者という枠があらかじめ用意されていて、自治体職員などが「とりあえず」任命されている場合です。このような体制だと、委員会での議論は思い出話と思いつきの発言が中心になって進行して、まったくと言っていいほど本質的な議論がなされません。

委員会開催のコツ

反対に、こうすればうまくいくというケースもあります。一つは、若者を必ず入れることです。できれば中高生が望ましいでしょう。私自身、佐賀県の委員会で経験したのですが、若者に委員を委嘱し、かつその若者の発言を尊重すれば、必ずほかの委員が見落としている点を気づかせてくれます。

そして、もう一つは委員の数を絞ることです。自治体によっては検討委員会のメンバーが二十人近いというケースもあります。二十人もいては、集中的な討論・議論の結果を踏まえて議論をさらに積み上げることは、ほぼ不可能です。先ほどの話ではないですが、自治体関係者の立場からすれば、一定の枠を設けなくてはならないというプレッシャーがあるのはわかります。しかし、ここは勇気が必要です。勇気を奮って、人数を絞りましょう。

最後に大事なのは、会議の議長にあたる委員長役の人選です。検討委員会は会議です。議論をし、議論を積み上げて一定の結論を導き出す会議です。決しておしゃべりの場ではありません。したがって、確実に議事進行をおこなえる方、特に各委員が持つ強みを引き出しながら、委員間の意見を集約できるファシリテーションの技量を持った方を委員長に迎えることが欠かせません。

どうしてもそれが難しい場合は、委員長とは別に事務局を務める自治体職員が議長の役割を担うことや、委員会開催支援をおこなう民間事業者にその役割を委ねるのも一案でしょう。

これまでに委員会を設置したことがある自治体職員にとってはかなり耳が痛い指摘だと思いますし、その自覚を持って指摘しています。ですが、これくらいのことをしなければ、検討委員会は、結局は形式でしかないのです。

②検討手法や着眼点等（有識者会議の有効な進行方法についての考え方等）

進行にあたっては、委員経験者の立場・目線からの進行方法を企画・実施します。この経験からいえるのは会議の成否を決めるのは、「放言」の会にしないという一点に尽きます。この点を抑えておかないと、会議は「他人事」の意識で進み、審議すべき基本計画の内容すら共通理解を得ることなく、各人の個人的な思いが語られるだけになります。

そのため、会議の進行にあたっては単なる司会進行役ではなく、話し合う議題を明確に設定し、議論のプロセスを整理しながらその場での一定の結論について参加者の合意を形成するファシリテーションを実施します。その際、自分自身の委員経験から、まず委員全体の知識・情報の一定範囲での共通化を図るため、初回会議で近年の都道府県立図書館の動向に関する情報提供（レクチャー）を行います。この点は必ず徹底しておく必要があり、不徹底の場合、有識者委員間の知識格差によって本質的な議論が成立しない恐れがあります。

また議論進行中はパソコンで各発言の流れを整理しながらその内容をプロジェクターで会場に投影します。こうすることで、論点が明示され、思いつきによる発言や文脈を無視した発言を抑制し、議論が常にかみ合うようにします。この方法は代表の岡本が主宰する「神奈川の県立図書館を考える会」で政策提言をまとめる際に過去に何度も実施しており、有識者以上に知識差が多く議論の成立が難しい市民間の合意形成でも効力を発揮しています。

なお、これは協議が必要ですが、会議開催地の県内巡回を提案します。佐賀県の県立博物館・美術館・図書館の検討委員会の委員を委嘱された際に 2 年間の開催期間で検討対象となっている施設での巡回開催を経験した立場から、巡回開催の意義を強く感じます。

図54　ある自治体のプロポーザルの際に提出・提案した議事進行のあり方

ワークショップとは何であって、何でないか

先ほど標準化と書きましたが、いまや公共施設の整備事業で市民参加型のワークショップを開催することは、ほぼ当たり前になっています。市民が知らない間に計画が進み、あとで大騒ぎになることに比べれば、市民参加の機会が増えたこと自体は評価すべきでしょう。ただし、残念ながら市民参加ワークショップのなかには、実態としては単なる証拠づくりやガス抜きの場になっているものも見受けられるのが現状です。

すでに述べたように、そもそも市民間の合意形成がやすやすとできるということ自体が幻想です。当然、これはワークショップにも当てはまります。考えてもみてください。その日、初めて集った互いに見知らぬ市民同士が、たかが二、三時間、模造紙を広げて、付箋に何かを書いて発表し合ったくらいで、合意が形成できるでしょうか。

私たちも年間に相当な本数のワークショップの開催を支援していますが、合意形成を目的に掲げているワークショップがうまくいくとは到底思えません。先にも述べたように、まず大事なのは主体性を形成することです。ワークショップへの参加は、まずは図書館整備を「わがまち」の「わがこと」だと主体的に考えだしてもらうきっかけづくりです。

ここで、私たちが最も一般的に用いているワークショップの説明スライドの一部をごらんいただきましょう。図55は、二〇一七年の夏に浜松市の委嘱によって実施した図書館の将来検討のためのワークショップで使用したものからの抜粋です。

図55　図書館の将来検討のためのワークショップの説明スライド

ここにあるように、ワークショップは「ただ一方的に意見を主張する場」でも、「あらかじめ定められた結論の合意の場」でもありません。そうではなく、ワークショップとは「コラボレーション（協働・協同）によってアイデアをつくりだす場」です。こういう機会を設けることが、市民一人ひとりが、施設づくりやまちの運営に主体的に参加する機会になるのです。

ワークショップについて語り始めると本書とは別に一冊を書くことになってしまうのでこれ以上は話を広げませんが、そういう考え方があると知ってほしいと願っています。ワークショップとは主体性を生み出す場であって、見せかけの合意を得る場ではないのです。

もちろん、合意形成を否定するわけではありません。そこに至るには時間と回数が必要です。実際、私たちが実施を請け負うワークショップは基本的に同一の顔ぶれで複数回、少なくとも二回、できれば三回は開催します。このような協働のプロセスを重ね合わせていくと、合意形成の形が見えてくるのです。

意識調査の手法は？

ときおり見かける意識調査の手法としては、市民アンケートをとるというものがあります。必ずおこなわれるものではありませんが、コンスタントに実施されているのも事実です。ちなみに私たちも、神戸市の三宮図書館の移転可能性について、また東京都港区の芝五丁目複合施設整備という図書館移転について、それぞれ調査を受託・実施したことがあります。

この種の調査で多いのは、全世帯対象や一定量のサンプリングによるアンケートという手法です。

とはいえ、正直、どれだけの意味があるだろうかと思っています。このようなアンケートは、人口規模にもよりますが、基本的にはかなりの費用がかかります。集計もなかなかの大仕事になります。しかし、回収率はそう高くはなりません。結局、図書館に対して一定の理解や支持がある層の声という、かなり偏った結果ができあがります。それでも、来館者にアンケート用紙を配布し、その評

写真17　西ノ島町コミュニティ図書館整備に際して毎月実施した縁側カフェ（継続中）

価で行政評価などの自己評価をおこなっている多くの図書館に比べれば、いくぶんましと言えなくもありません。ただ、費用対効果という面で見たときに、はたして現実的な方策と言えるでしょうか。

他方、意識調査はアンケート以外にも多様な手法があります。たとえば、意識や意向を調査するターゲットを明確にし、その対象者に絞ってヒアリングをするのもひとつの手です。大きなものではなく、小さな対話の場を設けるのも十分に意識調査になりえます。たとえば私たちの場合、先に挙げた西ノ島町での図書館整備では、西ノ島町コミュニティ図書館についてお茶を片手にゆるく語り合う場である「縁側カフェ」という催しを続けてきました。

委員会やワークショップからは汲み取りきれない住民意識を探ることは大事ですが、アンケートに飛びつかず、何を知るためにどのような手法が適切なのかを注意深く検討し、調査を設計することが必要です。

事業者の選定は?

図書館整備でほぼ欠かさずにおこなわれているのが、設計者の選定です。また、基本構想や基本計画の策定を民間事業者に委託するための選定も、実際にはしばしばおこなわれています。この話題は、私たちARGにとってもダイレクトに事業につながる話ですので、民間事業者のポジショントークと受け止めていただいて結構です。

プロポーザルの問題は？

事業者の選定は、価格面を主軸にした競争入札を別にすると、通常はプロポーザル方式でおこなわれます。すでに設計事業者選定のプロポーザルの仕組みは説明しましたが、おおむねのプロセスは計画策定業務も設計策定業務も変わりありません。

ちなみに、どのようなプロポーザルがおこなわれているかは、その道の専門ウェブサイトがいくつかあります。また「建設通信新聞」「日刊建設工業新聞」「建通新聞」という主要三紙が、情報を集約しています。実際にどのようなプロポーザルがおこなわれているか、調べてみるといいでしょう。

さて、このプロポーザルですが、私たちARGは、自らが審査される側になることもあれば、プロポーザルの実施を支援することもあります。その両方の立場を味わいながら感じるのは、もう少し丁寧にプロポーザルそのものを設計すればいいのに、という思いです。

参加登録の壁

たとえば、すでに述べた点ですが、その自治体の公募に参加するために、前年度のうちに届け出を出しておくという参加条件が設定されていることは珍しくありません。しかし、日本には千七百以上の自治体があります。一日一自治体に申請を出し続けても、四年以上かかってしまいます。ちなみに、この登録は往々にして二年間しか有効ではありません。

事業者サイドでは「地元縛り」という言い方があるのですが、このような要件は、基本的には地元の事業者を優遇する政策としておこなわれているようです。それはそれで一つの方法ですが、もう一方の現実としては、これでは地元の事業者と大々的に全国に展開する大手事業者が優遇されてしまいます。いまは小さくて無名であっても、図書館を手がけたいという熱い志を持った若い建築士を排除してしまっていいのでしょうか。

過度な実績重視による若手・中堅の排除

審査にあたって、実績を過度に重視するプロポーザルも散見されます。実際に私たちも苦杯をなめたことがありますが、提案内容では優勢だったにもかかわらず、実績だけで点差がつき、提案が選ばれないということが起きるのです。

もちろん、それも自治体ごとの考え方なのですが、プロポーザルという企画・提案を募る場で、過度に実績を重視するのであれば、相応の理由を明確にしたほうがいいでしょう。なぜなら、実績重視であれば、最初から完全公募のプロポーザルにせず、指名型のプロポーザルで実施するという手もあるからです。公募よりも指名のほうがプロポーザルの実施期間は短くなるので、事業の効率的な進捗という意味から望ましいケースもあります。

特にこの問題で懸念するのは、建築設計のプロポーザルで図書館設計の経験の有無を条件にすることです。図書館設計経験の有無を問われると、ほとんどの若手・中堅の設計事務所は参加資格がなくなります。実際、いわゆるアトリエ系設計事務所を率いる知り合いを見渡してみると、公共図書館の設計経験を有している三十代・四十代は一ダースに満たないのが現実です。

もちろん、経験豊富な設計者にお願いしたいというスタンスであるなら、それはそれでかまいません。ただ、挑戦的なことをしてみようというスタンスをとる場合、現状は門戸がいたずらに狭められてしまっています。

プロポーザルで発生するミスマッチ

もう一つの問題も感じています。それは、主に設計プロポーザルで設計者に問う課題の設定や審査委員会の設定にミスマッチがあることです。設計プロポーザルというと、どうしても建築設計案についての課題が多くなりがちです。しかし、設計は基本構想や基本計画と密にリンクして進められるべきものです。この点をおろそかにすると、せっかくまとめた基本構想や基本計画とは乖離した設計案で進みかねません。

私たちにも立場があるので、具体的に各自治体のプロポーザルの良し悪しは本書のなかで明記できませんが（相談の際には具体的なケースに踏み込んで話しています）、実際のところは課題設定のあり方に首をかしげてしまうものも散見されます。設計プロポーザルでの課題設定は、基本構想や基本計画、さらに言うなればその上位計画である総合計画などを的確に読み込んできたかどうかがわかるように設定できているか、ぜひよく検討してみてください。

そして、プロポーザルの審査をおこなう委員会の人選もきわめて重要です。審査委員会の構成は、第3章でふれたように学識経験者と自治体職員、自治体関係者になることが一般的です。どのような人選をおこなうかは、自治体ごと、案件ごとにケースバイケースですが、絶対に欠かしてはいけないことがあります。それは、審査委員全員が設計プロポーザルの前提となっている各種資料を必ず読み込み、そのプロポーザルが何を問うているのかを確実に理解していることです。

当たり前のことのように思われるかもしれませんが、残念ながら現実的には構想や計画、プロポーザルの要項や審査基準を最も理解していないのは審査委員だったという笑えない事態は発生しています。実際、私たちも悔しさや腹立たしさを通り越して、やるせなくなるプロポーザルに何度か遭遇してきました。事業者の立場からすれば、一度でもそのような不用意な選考・審査がおこなわれれば、その自治体への信頼はゼロになります。審査委員のミスマッチは、自治体の評判にとって深刻な結果をもたらすことに強い自覚が必要です。

2▼▼▼そもそも、何をどこまで委託すべきなのか？

代行的な委託と支援的な委託

事業者選定のあり方について述べましたが、それ以前の疑問もあるでしょう。そもそも、何をどこまで委託すべきなのでしょうか。まず言えることは、委託は丸投げではないということです。厳密に言うと、これは自治体ごとの違いもあるのですが、委託業務は代行的な役割を期待する委託と支援的な役割を期待する委託に分かれます。

　前者は事実上、業務の主たる部分を事業者に委ねるもので、図書館整備の場合、設計業務はほぼこれにあたります。後者は構想や計画の策定のときに見受けられるもので、主たる業務はあくまで自治体が進め、事業者は文字どおりその支援にあたります。規模がよほど大きな自治体でなければ、内部に建築士資格を持つ職員を多数抱えていることはまずありません。そのため、設計業務のほぼすべてが代行的な委託になることは避けがたい状態です。

自治体の基本業務としての構想策定

　他方、構想や計画の策定は自治体職員にとっては業務の基本と言えます。私たち事業者がこのようなことを言うのはおかしいかもしれませんが、構想や計画の策定までも事業者に丸投げするのは自治体の重要な役割・機能の放棄ではないでしょうか。とはいえ、すでにふれたように定数削減・定数管理の足かせがある自治体にとって、構想・計画策定のある程度の委託、要するに外注もまた避けがたいのも事実です。こういった事態に絶対の解決策はないのですが、私たちはこのように対応するのを基本としています。

「基本構想は市民と対話しながら、できるかぎり自治体職員が中心になって起案・起草しましょう。そうやってまとめた基本構想があれば、丸投げでないのであれば、基本計画を委託するのは一つの選択肢です」と。

　実際、計画策定にあたっては、国内外の図書館整備の状況に通じた事業者の力を借りるのは一つの選択肢です。是非の問題ではなく、事実としてほとんどの自治体で国内外の図書館事情に通じた職員を有しているわけではなく、また限られた自治体の人的資源でそれだけの調査をおこなうのは不可能に近いからです。ただし、繰り返し述べますが、代行か支援のいずれであれ、設計か計画のどちらであれ、事業者と徹底的にコミュニケーションをとり、市民に対する責任を果たせる仕事ぶりであるのかどうかを検証する役割が自治体には欠かせません。

事例調査や視察調査は必要か？

事例調査や視察調査の是非に関する相談も、よくある質問の一つです。図書館整備を進めるにあたっては事前の調査が欠かせません。このことは第1章で述べたとおりですし、調査の進め方も記したとおりです。

そもそもの話ですが、事例調査や視察調査が必要かと問われれば、答えは「当然」です。せっかく世の中にゴマンと事例があるのに、下調べなしに図書館整備に臨むのは無謀です。ただし、事例の調査には注意点もあります。たとえば、成功事例だけでなく、失敗事例からもまなぶことです。こういった注意点を少し述べていきましょう。

視察の意味とは？

調査にあたって最も効果的なのは、やはり実際に現地を訪れることです。行政的な言葉で言えば「視察」です。行政側からは、視察の予算が組めないという悩みをよく聞きます。厳しい財政状況を考えれば、視察予算を組みにくいことはわかります。また、行政でも財政部局が厳しく査定することもわかります。

しかし、それでも視察は必要です。こんなとき、私たちはいつもこう説いています。

「もし、いま建てようとしているのが、ご自身の住まいなら、住宅展示場に何回行くでしょうか。三回は行きませんか？　いや、毎週のように通い詰めますよね？　工事が始まったら、毎日のように現場に通って、大工の棟梁に苦笑いされたりしませんか？

いま、図書館を整備しようとしています。数十億円はかかる事業です。それにもかかわらず、数百万円の出張予算が組めないのは、おかしなことではないですか？」

こう説明すると、おおむね納得してもらえます。もうこれで視察する意味を説明し尽くしているのではないでしょうか。私たちは民間事業者ですが、同時に一人ひとりはいずれかの自治体の市民です。その市民としての感覚からすれば、成功事例であれ失敗事例であれ、先行する取り組みを肌感覚も含めて味わわずに施設整備に公金をあてられてはたまったものではないと感じます。

他方で、この問題を難しくしているのは、市民の過剰な行政批判にあるようにも感じています。ごく一部に問題行動があったとしても、自治体職員の圧倒的多数は真剣に視察をしています。決して公費で物見遊山をしているわけではありません。正しいお金の使い方はどうあるべきでしょうか。一律にやみくもな批判をして、綱紀粛正すればいいわけではないはずです。十分な視察がおこなわれないまま図書館整備が進むリスクの結果を最終的に負うのは市民であることも考えてみてください。

写真18　富谷市（宮城県）による市長、教育長、職員、そして市民合同の公用バスを使った視察（2017年）

視察でのポイントはどこか？

視察で重要なのは、実際に施設を見ることです。しかし、ただ施設単体を見るだけでは不十分です。時間が許すかぎり、まち全体を見て回りましょう。図書館単体を見ても、わかることはごく一部です。たとえば、中心的な駅との距離はどれくらいでしょうか。駅から図書館まで利用者はどのようにやってきているでしょうか。

地方都市は車社会だから、鉄道や駅は関係ないという声をよく聞きます。しかし、それは明らかに間違いです。車社会であっても交通弱者は存在します。その一方の代表格が十八歳未満の若年層であり、もう一方の代表格が高齢層です。特に高齢層は近年、自動車運転免許を返上せよという社会的圧力が高まっていることにも注意を向ける必要があります。主たる図書館利用者でもある若年層と高齢層が図書館をどう訪れているのか、これは実際に現地で見聞きしておくべきポイントです。

自治体間で申し入れて受け入れてもらう行政視察は、その事業の責任ある立場の方のレクチャーを聞けるなど、メリットが数多くあります。とはいえ、反対にデメリットもあります。そのデメリットとは、「成功」の物語が話の中心になるということです。行政の立場にある方は納得しやすいでしょうが、いまおこなわれている事業について、行政の立場で部分的にでも「失敗」とは言いにくいものです。仮に本音ではその事業に課題があるとわかっていても、その図書館を利用している市民の存在を思えば、その本音を口には出せません。

しかし、視察では「失敗」や「課題」を見つけなくてはいけないのです。課題がわかればこそ、自分たちの取り組みに反映できます。では、どうすればいいのでしょうか。民間事業者の立場からは非常に言いにくいことですが、非公式な意見交換の場、たとえば夜の懇親会を設定することです。特に自治体職員同士であれば、所属する役所は違っても、相通じる価値観や考え、経験を持っているることがあります。そういった共通点を見つけながら、本音で語り合う時間をつくることは視察の成功・失敗を大きく左右します。

準備室や公募職員は必要か？

主に市民のみなさんに聞かれるものに、図書館整備にあたっては図書館準備室のような自治体の組織を立ち上げるべきではないかという質問があります。私たちの経験上はもちろん「はい、そのとおり」ではあるのですが、準備室を発足させることが目的にならないように注意が必要です。

準備室のメリットと課題

自治体は、大掛かりな事業などの遂行にあたって準備室と呼ばれる特別な部署を設置することがあります。名称は準備室が一般的ですが、ほかにも推進室や整備室などと命名している事例もあります。準備室のような組織を設けるメリットは、そこに配属される職員が、ほかの部署と兼任でないかぎりは、図書館整備に専念できる点にあります。また、最近多い複合施設としての図書館整備の場合、図書館（教育委員会）や子育て支援課といった部署を横断した組織になるため、意思決定が迅速になるという魅力もあります。

他方、配属された職員に他部署との兼務が多ければ、準備室の機能は発揮されにくくなります。つまり、準備室という組織が形だけあればいいわけではないのです。その機能を本当に果たすだけの内実が満たされているかどうか、そこを適切に見極めなくてはなりません。

職員、特に館長予定者の公募

往々に準備室の設置の是非とあわせて特に聞かれるのが、館長予定者となる職員、できれば司書資格を有する専門職を外部から公募することについてです。これも形式だけを追い求めては危険です。図書館開館後に館長を務める人材を公募して成功したケースもあれば、そうではないケースもあります。あるいは、当初は成功に見えても、中長期的に見ると一過性の話題づくりに終わってしまったケースもあります。

ＡＲＧはこれまで公募の支援もしてきました。ただし、公募にあたって非常に気を使うことがあります。それは、本当に公募する必要があるのかという点です。公募しようとしている自治体にいる職員に、実は適任の方がいる場合もあるからです。第2章で記したことを思い出してください。

1、自治体内にその知識・経験（ノウハウ）を有した人材がいない。
2、自治体内に知識・経験（ノウハウ）を有した人材はいるが、その存在が認知されていない。
3、自治体内に知識・経験（ノウハウ）を有した人材はいるが、適所に配置されていない。

その自治体の状況が、2や3であることも十分にありうるのです。公募の話題は市民や議員から上がることが多いのですが、地元に宝と言える人材がいないのか、よく確かめたうえで行動しないと、行政や職員の士気にかえって水を差すこともあるのです。

3▼▼▼市民協働は必要か？

最後にふれておきたいテーマです。図書館整備にあたって、市民との協働はどれくらい必要なのでしょうか。これもよくある相談です。答えは明確です。「いくらでも」です。

すでに見てきたように、多くの自治体で財政は厳しい状態にあります。この観点からも市民協働は必要です。すべてを行政が行政サービスとして担いきれる時代は、すでに終わりました。それもあって、すでに多くの自治体が市民協働に取り組んでいます。そして、現実はさらに厳しくなる自治体が多くなってきています。これもよく話をしていることなのですが、もはや市民協働では生ぬるいとさえ言えます。根本に立ち返って、「自治」が必要になってきています。

行政サイド・市民サイドがとるべき行動とは

「協働から自治へ」は、確実にこれからの時代の要請になるでしょう。いや、すでにそれを目指して動いている自治体も出てきています。行政サイドは、この現実を冷静に見つめて行動しなくてはなりません。

同時に市民サイドは、これまでの行政依存から脱却する必要があります。図書館整備を考えても、とりあえず「物を申す」だけではことは進みません。「はじめます」という宣言のようなタイトル

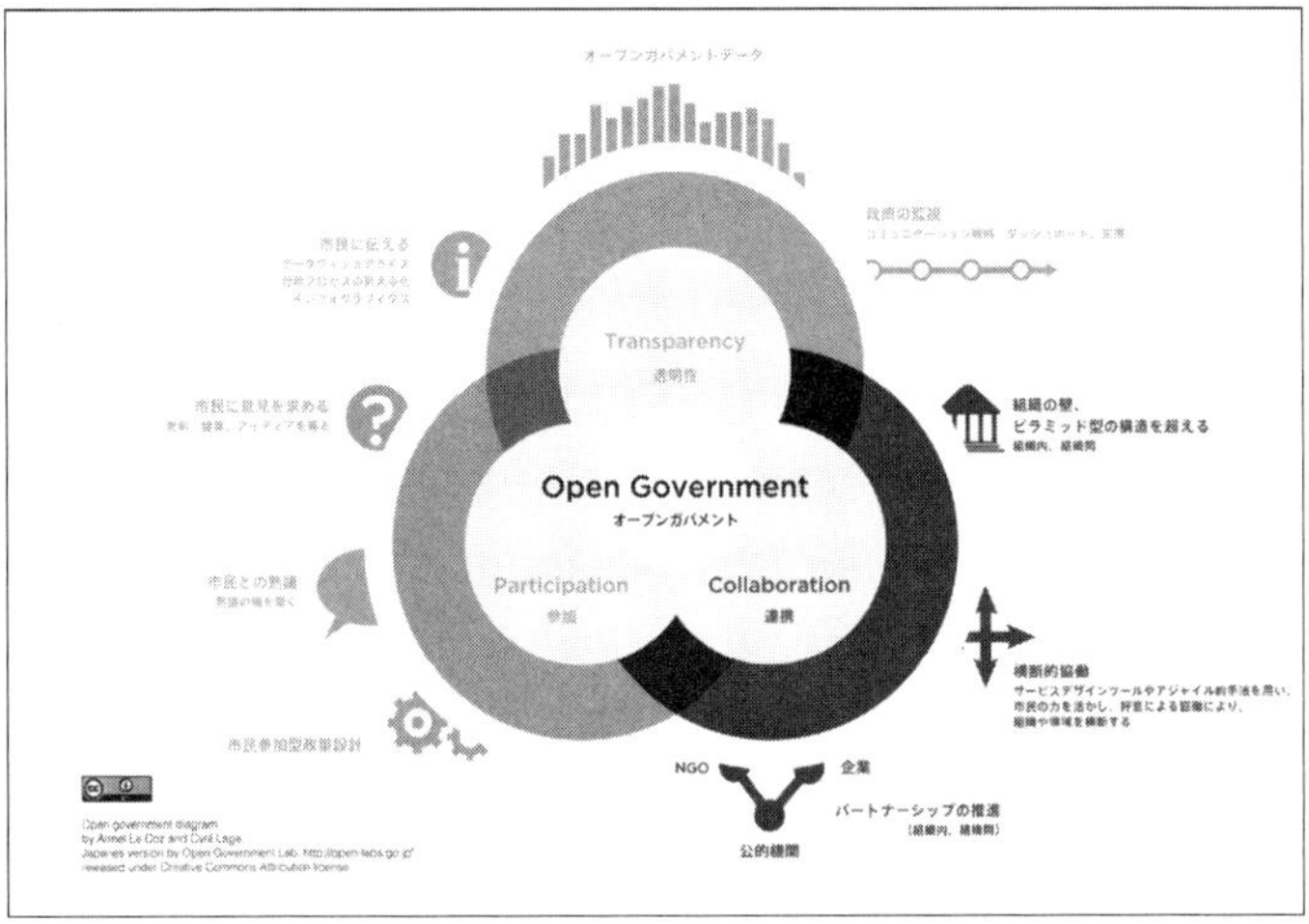

図56　「オープンガバメントラボ」（http://openlabs.go.jp/）

を冠した本書の目的は、まさにここにあるわけですが、市民も受動的な立場から能動的な立場、主体的な立場に自らを転換する必要があるのです。

自治としてのオープンガバメント

ここで、オープンガバメント（Open Government）という考え方を紹介しましょう。この言葉の説明は、私が至らぬ解説をするより、中央省庁や民間団体が共同運営するウェブサイト「オープンガバメントラボ」から借りてきましょう。

オープンガバメントとは、インターネットを活用して政府を国民に開かれたものにしていく取り組みです。Gov2.0と呼ばれることもあります。電子政府の推進に際して、以前からサービス提供者の視点ではなく利用者の視点でのサービス提供（Citizens-centric）が求められてきましたが、さらに進めて、市民参加型のサービス実現（Citizens-Driven）が求められています。新しい公共などの取り組みも進められていますし、新しい民主主義の方法と言う人もいます。

この取り組みは、二〇〇九年一月に就任したばかりのバラク・オバマアメリカ大統領（当時）が示した“Memorandum on Transparency and Open Government”という文書に端を発します。この文書は、より開かれた政府のあり方を実現するためのポイントとして、次の三つを挙げています。

1、透明性（Transparency）
2、参加（Participation）
3、協働（Collaboration）

この指針は大きな影響力を持ち、日本でも政策を積極的に開示して、政策決定プロセスへの市民参加を広げていこうという流れが見られます。

私自身はオープンガバメントをインターネットの利用を前提にしすぎる必要はないと思っているのですが、ともあれこの考え方は非常に示唆的です。政府（政治・行政）の透明性（Transparency）を高めることで、政策形成への市民参加（Participation）を高め、官民の協働（Collaboration）を進めるというオープンガバメントの考え方は、図書館整備における市民協働から自治へという流れにしっかりと当てはまります。

さて、最初の問いに戻りましょう。市民協働や自治の推進にあたっては、行政サイドと市民サイドはそれぞれどう動けばいいのでしょうか。

行政に求められることは？

行政サイドには、まず情報の公開を可能なかぎり徹底することを勧めます。オープンガバメントで言う透明性（Transparency）の確保です。図書館整備に限りませんが、施設整備の事業はときとして情報を積極的に開示しない傾向があります。前にもふれたように、周辺地価への悪影響を避けたいという理由があることもわかります。ですが、やはりいまの時代では積極的に開示すべきでしょう。そのほうが事業に対する市民理解を促進する可能性があるからです。

もちろん、行政としてはあくまで検討中の事項であり、情報が独り歩きすることを恐れる気持ちはよくわかります。しかし、恐れは理由にはなりません。では、情報公開して問題が起きる可能性はないのかと問われれば、絶対にないとは断言できません。そこは市民を信じるしかありません。市民は公開した情報を誤読するかもしれません。ですが、理想を言えば、それが誤解であるのなら、説明を尽くすしかないのです。

市民に求められることは？

市民サイドに求められることは、行政に求められることと表裏一体です。まずは、情報の公開を求めましょう。ですが、そのためには市民もまた知ることに努めなくてはなりません。自分たちがどの情報を求めるべきなのか、それを判断するためにも知る努力は欠かせないのです。

そして、知るための方法は本書で述べてきたとおりです。インターネットの普及によって、以前に比べれば行政による情報公開は大きく進みました。まずは、わがまちの自治体ウェブサイトにアクセスしてみましょう。そこにはさまざまな計画や予算、報告、答申が必ず掲載されています。そういった情報に目を通して、不明な点があれば行政サイドに尋ねてみてください。

市民として行政と適切な関係を築いていくには、ただ上から目線で物を申すという姿勢や、いたずらに突き上げる姿勢は不要です。調べて知り、わからないことを丁寧に尋ねれば、行政はたいていの場合、的確な回答をしてくれるはずです。

「行政に求められること」として、市民を信じることの大事さを述べましたが、これは市民サイドにも当然当てはまります。行政機関は市民の代理執行機関であり、市民であるみなさんの代理人とも言える立場です。その立場にいる行政職員をまずは信用しましょう。もちろん、互いの信用・信頼を前提にするのであれば、おかしいと思う点に切り込んで追及するのはかまいませんし、それはむしろ行政と市民の間にほどよい緊張関係をもたらします。行政サイドへの信頼を出発点にしてください。

市民協働の理想となる事例は？

たとえば有名なところでは、佐賀県の伊万里市民図書館があります。一九九五年に開館した当初から「伊万里をつくり　市民とともにそだつ　市民の図書館」という目標を設け、行政と市民が一体になって生み出した図書館です。

　近年では、二〇一六年に開館した岡山県の瀬戸内市民図書館もみわ広場も、行政と市民の協働によって開館した図書館です。私自身、一三年度から主にＩＴ面のアドバイザー（総務省委嘱による地域情報化アドバイザー）として、この整備事業に少しばかり関わったのですが、市民と行政が互いに真摯に向き合うとはこういうことなのか、と感じ入りました。

　すでに実践されている事例はあります。ですから、わがまちでは「できない」という理由にはなりません。いや、そもそも「できない」理由を探すより、「できる」理由を探しましょう。

4▼▼▼オーナーシップとイコールパートナーシップ――「ひとごと」から「私たちごと」へ

　さて、市民協働の重要性を論じてきましたが、本章の最後に、なぜ市民協働なのかをあらためて述べておきます。日本はいま明らかに縮減・縮小する社会に向かっています。繰り返し述べますが、かつてのような経済成長は望むべくもなく、人口が増加基調に転じることも困難でしょう。となれば当然、自治体もそこに生きる市民も、生き方や暮らし方が変わっていきます。財源の拡大がまず期待できないなかで、公共施設としての図書館を維持・管理・運営していくことや老朽化した図書館を新たに建て替えていくことは、従来以上に難しくなっていきます。

　この困難な状況を乗り越えて図書館整備を進めるには、行政にしかできないことは行政がする、市民ができることは市民がする、行政と市民の協働が必要なことは協働する、という原理・原則を徹底しなくてはなりません。

そして、市民が協働に取り組むうえでの決め手になるのが、図書館という施設への「オーナーシップ」意識です。つまり、わがまちの図書館は私たち市民の財産だという意識、図書館はわがまちの広場であり、書斎であり、居間であるという意識です。図書館のあり方を「ひとごと」として行政任せにするのではなく、「私たちごと」として捉える意識が欠かせません。

行政と市民が協働して、さらには市民による自治を進めるためには、行政と市民が対等である関係を築く必要があります。この関係を示す言葉として「イコールパートナーシップ」があります。行政と市民が対等かつ平等であることを認め合い、常に相手を尊重して振る舞えば、協働は実現可能です。反対に、行政が市民を見下し、また市民が行政を上から目線で見下せば、協働は永遠に生まれません。

相違点を超えて互いを尊重するのは、民主的な社会の基盤です。仮に過去の経緯から、なんらかの不信感を行政に、あるいは市民に抱いていたとしても、一度その思いを飲み込んで相手に真摯に向き合えば、新たな関係が築けます。このことを、最後に胸にとどめていただければと思います。

おわりに——とりあえずの「まとめ」として

「未来の図書館」に向けて、私たちが意識していること

本書をここまで読み進めて、いかがだったでしょうか。冒頭で述べたとおり、本書を営利企業のポジショントークと受け取っていただいてもかまいません。しかし、ポジションを考えれば、あえて言及する必要がないこと、言及すればＡＲＧとしてリスクがかえって高まることにも踏み込んで発言していることに気づいてもらえたならありがたいことです。本音を言えば、民間事業者のポジショントークというお手軽な非難ですませるのではなく、民間事業者でさえここまで考えて行動せざるをえない現状に危機感をもっていただければと思います。

さて、とりあえずの「まとめ」を書いておきます。ここで述べたいのは、前著や本書のタイトルにある「未来の図書館」に向けて、私たちＡＲＧは日々、どのようなことを意識し実践しているのか、ということです。四点に絞って述べていきます。

①実空間・情報空間の融合

ＡＲＧで重視しているのが、リアルな空間である実空間とウェブを中心とした情報ネットワークによる情報空間を融合させていくことです。これはＡＲＧの創業者であり、十年間ヤフーで働いて

きた私・岡本真の来歴と、ＡＲＧのすべてについて最終的な品質向上を担うチーフ・デザイン・オフィサー（ＣＤＯ）である李明喜の来歴に由来するものです。

現在の図書館は、圧倒的に実空間だけに閉じています。しかし、世界はすでにウェブと密接に絡み合っています。ここにある乖離をつないでいく努力を日々、続けています。問題はその実現であり、ＡＲＧの課題の一つです。

②実践的なデザインプロセス

この点については、ＡＲＧが刊行する「ＬＲＧ」第二十号に掲載した李明喜による「総特集 図書館のデザイン、公共のデザイン」[1]を読んでいただくのが最も適切です（抜粋を補論として本書に所収しています）。

しかし、それではあまりに不親切ですので、少しだけ述べましょう。ここでいうデザインとは、たとえば図書館内のサイン一つをとって、その良し悪しを論じることでは当然ありません。また、とりあえず高層の書架をおしゃれに並べることでもありません。

そして、ただ漫然と過去の取り組みを使い回すことでもありません。過去の知見を生かしながらも、常に目の前の事柄に潜む新たな要素に配慮して、仕事の対象になるまちと施設を軸に関係者の間の関係性を編み上げていくことです。

③徹底したリサーチ

「学問を生かす社会へ」をコーポレートメッセージに掲げるARGでは、徹底したリサーチを心がけています。文献調査やインタビュー調査は当然として、仕事をするまちで過ごすことを強く意識して実行しています。

たとえば、ある自治体のプロポーザルに参加すると決めた際には、その自治体の各種計画書や関連する議会答弁を端から端まで読み込みます。同時に、そのまちを事前に繰り返し訪れ、自分たちの足で歩き回ります。当たり前と言えば当たり前のことなのですが、この当たり前を徹底することに力を尽くしています。

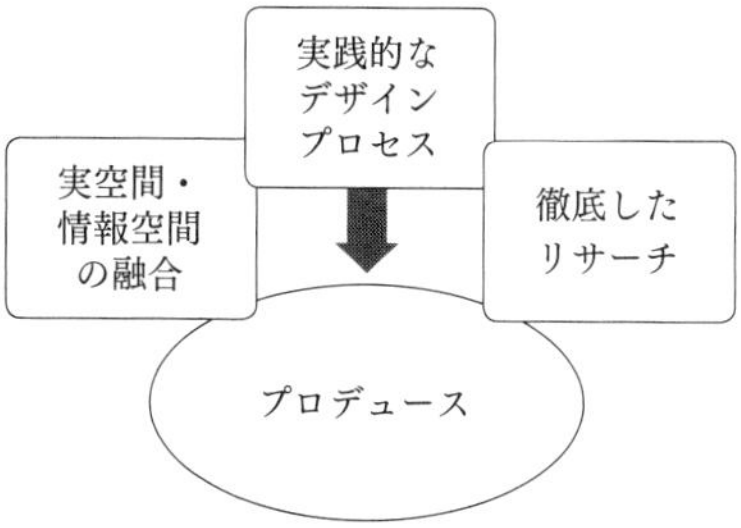

図57　ARG が目指すもの

④総合してのプロデュース

以上の三つの取り組みを総合して、ARGがおこなっているのはコンサルティングという次元のものではなくプロデュースだと考えています。言葉遊びというきらいがないわけではありません。しかし、「はじめに」でも書いたように、私たちは「生み出す」こと、「創り出す」ことにこだわって仕事をしています。そして生み出し創り出した以上、その結果にとことん向き合って責任を持ちます。言うなれば、ARGの仕事はPL法（製造物責任法）のような責任と向き合うことだと自覚しています。

それが総合してプロデュースすることだと考えています。この四つのこだわりを携えて、私たちは「未来の図書館をはじめます」。

もし、本書のどこかに一点にでも感じるところがあれば、お気軽に声をかけてください。私たちARGは営利企業体ではありますが、「民間公共」というあり方を模索し続けていきます。この挑戦のどこかでご一緒できれば、ここまで踏み込んで本書を著したかいがあるというものです。

注

（1）李明喜「総特集 図書館のデザイン、公共のデザイン」、アカデミック・リソース・ガイド編「LRG」第二十号、アカデミック・リソース・ガイド、二〇一七年

補論　図書館のデザイン、公共のデザイン

李明喜

1▼▼▼図書館でのデザインとは何か？

みなさんは、「デザイン」という言葉を聞いたときに何を思い浮かべるだろうか。スマートフォンに代表されるデジタルガジェット、家電、文房具などのプロダクト・デザイン。ロゴ、広告、CI（Corporate Identity）・VI（Visual Identity）などのグラフィックデザイン。洋服、アクセサリーなどのファッションデザイン。建築、インテリア、ランドスケープなどの環境デザイン。ウェブ、アプリ、インフォグラフィックス（情報・データ、知識を感覚的に表現したもの）などの情報デザイン。コンピューターゲーム、ソーシャルゲームなどのゲームデザイン。

ほかにも、サービスデザインや地域デザイン、ソーシャルデザイン、データデザインなど、近年耳にするようになった新しいデザイン分野もあり、（数年後には消えていく分野、消えていく名称もあると思われるが）デザインが対象にする領域は際限なく広がっていくようにみえる。

これらのデザイン分野は、モノであれコトであれ、産業化によって定義づけされてきた、デザイ

A ふつう理解されているところのデザイン	B 私たちが実践しているタイプのデザイン
Affirmative _肯定的	批評的_ Critical
Problem solving _問題を解決する	問題を発見する_ Problem finding
Provides answers _答えを提供する	疑問を提起する_ Asks questions
Design for production _生産のためのデザイン	討論のためのデザイン_ Design for debate
Design as solution _解決策としてのデザイン	手段としてのデザイン_ Design as medium
In the service of industry _産業界のため	社会のため_ In the service of society
Fictional functions _虚構的な機能	機能する虚構_ Functional fictions
For how the world is _今ある世界のため	実現しうる世界のため_ For how the world could be
Change the world to suit us _人間に合わせて世界を変える	世界に合わせて人間を変える_ Change us to suit the world
Science fiction _サイエンス・フィクション	ソーシャル・フィクション_ Social fiction
Futures _未来	並行世界_ Parallel worlds
The "real" real _"現実的"な現実	"非現実的"な現実_ The "unreal" real
Narratives of production _生産の物語	消費の物語_ Narratives of consumption
Applications _応用	意味合い_ Implications
Fun _楽しみ	ユーモア_ Humor
Innovation _イノベーション	刺激_ Provocation
Concept design _コンセプトのデザイン	コンセプチュアルなデザイン_ Conceptual design
Consumer _消費者	市民_ Citizen
Makes us buy _買わせる	考えさせる_ Makes us think
Ergonomics _人間工学	レトリック・話術_ Rhetoric
User-friendliness _ユーザーフレンドリー	倫理的_ Ethics
Process _プロセス	オーサーシップ_ Authorship

ダン&レイビー [A/B]

図58 「A：ふつう理解されているところのデザイン／B：私たちが実践しているタイプのデザイン」
（出典：アンソニー・ダン／フィオナ・レイビー、久保田晃弘監修『スペキュラティヴ・デザイン 問題解決から、問題提起へ。──未来を思索するためにデザインができること』千葉敏生訳、ビー・エヌ・エヌ新社、2015年）

ンする対象の違いによる区分であり、人々がデザインという言葉を思い浮かべるときには、このなかのどれかを指すことが多いだろう。

一方で、「デザイン思考」という言葉に代表されるような、デザインプロセスに意味を見いだし、さまざまな場面での課題解決にデザインを生かしていこうという実践も広まり、「デザイン思考」という言葉からデザインにふれる機会も増えてきている。さらには、未来を思索し続けることが大事であり、デザインが果たすべき役割としては課題解決だけではなく、課題提起していくことも重要だというデザインの姿勢から定義づけている「スペキュラティヴ・デザイン」という言葉も耳にするようになった。

「スペキュラティヴ・デザイン」の中心的実践者で、『スペキュラティヴ・デザイン 問題解決から、問題提起へ。』の著者であるアンソニー・ダンとフィオナ・レイビーは、「A：ふつう理解されているところのデザイン／B：私たちが実践しているタイプのデザイン[1]」というリストをマニフェストとして公表している（図58）。

一見挑発的で、そのためにわかりやすいマニフェストだが、ダンとレイビーは著書に、「このリストは、ふつう理解されているところのデザインと、私たちが実践しているタイプのデザインを併記したものだ。といっても、BでAを置き換えよう、などという意図はいっさいなく、ただデザインに新しい次元、つまり比較の対象となり、議論を促す要素をつけ加えたかっただけなのだ[2]」と書いている。

このように、デザインという言葉の広がりだけを見ても実に多面

写真19　山口情報芸術センター内にあるクリエイティブスペース・BIT THINGS（写真：山口情報芸術センター）

主に子どもを対象としたメディアアートの入り口となるコミュニティスペース兼カフェは、著者が空間デザインを手がけた初めての公共施設である。子どもたちが動かすキューブの位置によって、インタラクティブにウェブが変化すると、ウェブ画面が床面に投影されているので、同時に実空間も変化する。子どもたちは身体を使ってメディアを体験し、変化する環境のなかから発想して遊びをつくっていった

的なのだが、さらに、デザインは時代ごとに異なるコンテクストのなかで意味や目的を大きく変えながら、新しい解釈を生み出してきたという側面もある。これまでの解釈から新しい解釈に徐々にでも入れ替わるのであればまだわかりやすいのだが、デザインでは、古い解釈と新しい解釈が複雑に絡み合いながら混在し続ける。この解釈の混在が意味の曖昧さを生み、それがデザインという言葉の定義づけの困難さにつながっている。

デザインの曖昧さについて

これまで、デザインを実践するなかで多くのデザインに関する本を読んできた。デザイナーによるもの、哲学者によるもの、批評家や研究者によるもの、ジャーナリストによるものなどいろいろあるが、デザイン論を含む本の多くは「デザインとは何か」についてページを割いている。

グラフィックデザイナーの原研哉は『デザインのデザイン』で、「デザインとは、ものづくりやコミュニケーションをとおして自分たちの生きる世界をいきいきと認識することであり、優れた認識や発見は、生きて生活を営む人間としての喜びや誇りをもたらしてくれるはずだ」[3]と書いている。

アメリカのペンシルバニア大学教授（サイバネティクス、言語、文化研究領域）のクラウス・クリッペンドルフは、『意味論的転回』で、「デザインとは物の意味を与えることである」[4]と書いている。

そして、「インターナショナル・ニューヨーク・タイムズ」紙のアリス・ローソーンは、『HELLO WORLD』で、デザインにどのような定義を与えてもわかりやすくはならないことを指摘しながら、「デザインは、これまでつねにそうであり、これからもそうであるように、私たちが自分のニーズや希望に合う生活を組み立てる上で役立てることのできる変化の担い手であり、私たちの生活に良くも悪くも巨大な影響を与えるものだ[5]」と指摘している。

そのほかにもグラフィックデザイナーのポール・ランドの「デザインとは関係である。形と中身の関係だ[6]」という講義での言葉はよく知られている。

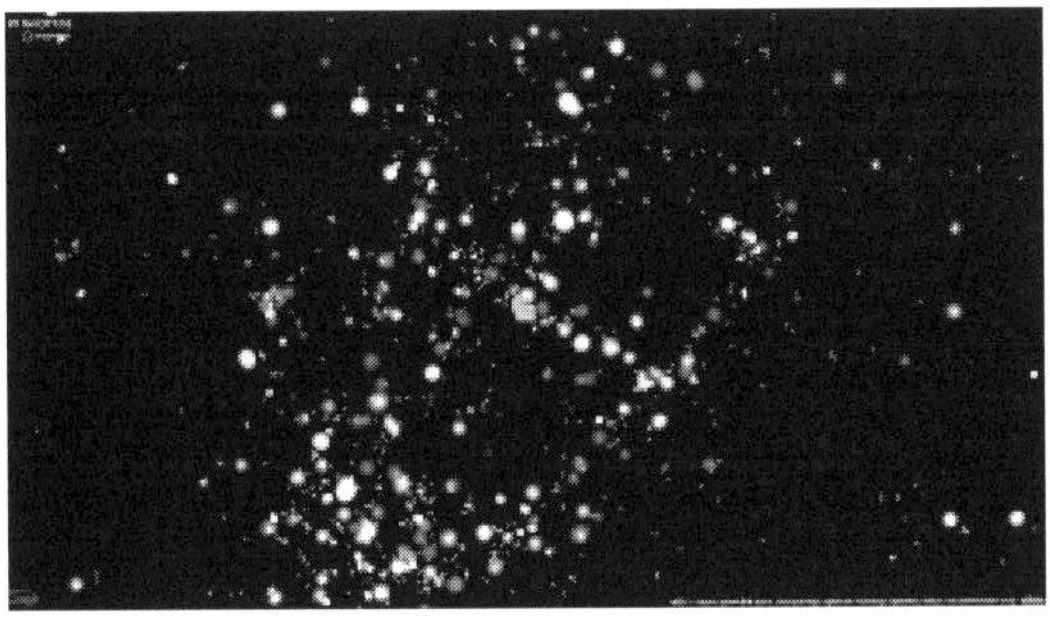

写真20　pingpong map for CITY2.0（写真：李明喜）
著者がディレクター／デザイナーとして参加した東京大学知の構造化センターによる「pingpong」プロジェクト（2009年4月―）は、ウェブ工学、言語情報技術、認知言語学などを応用し、マッシブデータフロー（大量なデータの流れ）から人間の行為のパターンを抽出し、利用者参加型のデザインプロセスによって、実空間と情報空間を一つの環境としてデザインしていこうというもの。空間のなかで動き、コミュニケーションする人を「賢いセンサー」として捉え、それによってウェブに集められる大量のデータを地図上に可視化することで浮かび上がる無意識のパターンについて考察した

いずれの定義も納得できる言説ではあるのだが、デザインという言葉の定義としてはどれも十分とは言えない。正しいのだが、言い尽くせてはいないというか、曖昧さが残るのだ。しかし、私はこの曖昧さ、定義づけの困難さ、そして多様な解釈と考えの共存性こそがデザインの本質を示していると思っている。さらに言うと、この曖昧さがデザインの大切な武器だとも考えている。

デザインに関するさまざまな言説のなかで、アートディレクターで「絵を描く」人でもある佐藤直樹のデザイン観は、デザインの曖昧さを内包しながらも、また違う景色を見ているように感じられて私の興味を強く引いた。佐藤は『無くならない』で、「わたしにとってデザインとは、制作する立場であれ使う立場であれ、何かの波に乗るような、しかも見事なサーファーのようにではなく、泳いでみたり浮き輪を使ってみたり、常に移り変わる行為として、あまり大事にしすぎないほうがいい感じのものなのです。大事にしないというのはおろそかにすることではなく、大事にしすぎないことを大事にするような(7)」と記している。

なぜいま「図書館のデザイン」なのか？

ポール・ランドは「デザインとは関係である」と言ったが、同じ講義のなかで学生たちに向かってこう続けている。「すべては関係なんだよ。これとこれ、これとこれ、これとこれ、すべてが関係していて、それがいつも問題だ。何かを置いたとたんに、君は関係を作り出している。いいものであれ、悪いものであれね。たいていの場合はひどいものを。要点がわかっただろう？(8)」

関係は相互作用を生み出し、相互作用の総体として私たちの世界がある。人も人工物（デザインされたもの）も、環境も、それぞれが複雑さを持ち、それら複雑なもの同士の相互作用によってできているこの世界はどうしようもないくらいに複雑だ。複雑なものは、還元主義的に分解しても、単純化や簡素化によっても捉えることはできない。複雑なものは複雑なまま捉えなければ、まったく別のものになってしまう。複雑な世界を複雑なまま受け入れるということが、デザインプロセスにおける基本姿勢の第一歩である。私は、デザインの曖昧さ、多様な考えの共存性が、複雑な世界に向き合い関わり合うための大きな武器になると考えている。

さて、このようなデザインの観点から現状の図書館を見たときに、二つの課題が浮かび上がる。

一つ目は、インターネット以降（という言葉を使うのはいまさらのような気はするが……）の知識のあり方についての問題である。図書館では、メルヴィル・デューイ以来の図書館分類システムが知識を体系づけていて、本というモノを介して知識にふれることを前提とした場合に、このシステムは圧倒的に優位だといえる。ＮＤＣ（Nippon Decimal Classification：日本の図書館で使われている図書分類法）やデューイ十進分類法（アメリカの図書館学者メルヴィル・デューイが一八七三年に創案した図書分類法）のような列挙型分類法は階層性を持ったツリー構造をしていて、それによって知識の物理的レイアウトが可能になっている。意匠的にはどんなに新しくなっていても、ほとんどの図書館がまだこの物理的レイアウトをベースにつくられていっているといっていい。

しかしインターネットが普及してからは、知識は複雑なネットワーク上にあり、ツリー構造のような形を持つものではないことがわかりつつある。知識が本という形を簡単に捨てることはないが、紙が持つ物質性によって固定化されてきた知識が解き放たれて自由になることで、知識の新しいレイアウトが必要になる。私たちは、本の上に固定化された知識と、複雑なネットワーク上で自由に動く知識とが融合した知識環境のデザインに取り組んでいかなければならない。

二つ目は図書館に期待されることと、図書館の役割についての問題である。地域創生やまちづくりの文脈で、いくつかのパターンの先行事例が誕生したこともあり、地域で図書館がますます注目されるようになっていて、そのなかで利用者の期待と、運営として持続的にできることとのギャップが生じてきている。このような課題がもつれあった複雑な状況に対しても、デザインプロセスとして取り組むことが有効だと考える。公民連携の可能性が広がるなかで、新しい公共性のデザインを創造していくという覚悟が求められる。

この二つの課題に限らず、「図書館でのデザイン」について、現実と起こりうる未来の両面から考えていくためには、すべてのデザインに必ず含まれる要素である「コミュニケーション・デザイン」や、私が専門とする「空間デザイン」への考察が必須になってくるが、ここでは、図書館のデザインを考えるうえで最も身近にふれられるであろう「プロダクト・デザイン」と、これからの公共の姿を考えるための足がかりになるはずの「地域デザイン」について取り上げる。

デザインが図書館により深く分け入ることで、粒度が細かい議論が生まれることを願っている。

2▼▼▼図書館のプロダクト・デザインの変革はブックトラックから始まる

プロダクト・デザインとインダストリアル・デザイン

まずは図書館のプロダクト・デザインから始めよう。その言葉自体は意識されていないとしても、図書館でのデザインで最も身近に感じられるのがプロダクト・デザインだろう。それは図書館用品として、図書館に関わる方々が日常的にふれているデザインだ。この「ふれている」という側面が、プロダクト・デザインの特性を強く特徴づけるものなのだが、それについては後述する。

図書館のプロダクト・デザイン、図書館用品のデザインについて書く前に、デザインを考えるための基礎知識として「プロダクト・デザイン」と「インダストリアル・デザイン」という言葉について、その違いを含めて説明したい。『最新現代デザイン事典』[9]のなかで、それぞれの言葉の来歴を以下のように書いている。

インダストリアル・デザイン（ＩＤ）は、第二次世界大戦後、アメリカから輸入された概念であるが、貿易振興、企業活動を支える要素の濃いところから出発した。当時、産業デザインあるいは工業デザインと訳され、産業発展を対象とするモノのデザインを中心とした企業寄りのものであった[10]。

プロダクト・デザイン（ＰＤ）は、広義にはインテリア、インダストリアル、クラフト等を含む「モノ系のデザイン」、狭義には工業デザイン、インダストリアル・デザインと同義に使われるが、高度工業化社会、あるいは脱工業化社会でデザイン領域が拡大してより生活者寄りになり、技術論のみではなく、文化の視点が重視されるようになっている[11]。

このように同じプロダクト・デザインと言っても、狭義で使われる場合と広義で使われる場合がある。狭義に読むか広義に読むかで、プロダクト・デザインの論じられ方は異なるのだ。

第１節「図書館でのデザインとは何か？」にも書いたが、デザインのカテゴリーに着目しても、このように「曖昧さ」がつきまとう。そしてデザインの曖昧さやわかりにくさはデザインの本質であり、武器だとは言ったものの、それだけではデザインの理解には向かわないので、以降の各論では、それぞれのデザインの概念をどのように捉えていくのかを(厳密ではないが)示していく。この節で書くプロダクト・デザインとは「生産されたモノ(製品)のデザイン」という程度のゆるやかなカテゴリーだとして、以降の議論を進めていく。

図書館グッズというノスタルジア

毎年秋に開催される図書館総合展。キハラのブースは、いつも多くの図書館関係者を集める。特に初日は多くの人でにぎわうのだが、訪れる人の目的はブースで販売される図書館グッズだったりする。

図書館関係者には説明するまでもないが、それ以外の読者のためにキハラについて簡単に説明する。キハラは一九一四年、製本や帳簿などの紙加工を業として、東京・神田神保町で創業した。それから数年後には、製本だけでなく図書カード(目録カード)やカードケースなどの製造・販売を始めている。戦後になると、図書館需要の増加に伴って取り扱う製品も広がり、書架、雑誌架、新聞架、閲覧机、閲覧椅子、カウンター、ブックトラックなどの図書館家具、ラベル、ブックカバーフィルム、展示用品などの図書館用品、検索システムやICソリューションなどの図書館システムまで、現在では図書館に関するものをトータルで扱うようになっている。

そのキハラが、図書館総合展のブースで現在の図書館で使われていないものや、古くから変わらず使われているものをグッズにして販売するのだ。たとえば図書館カードや「禁帯出」といった図書館シール、缶バッチ、マグネット、図書館ラベル、マスキングテープ、クリアファイルなどの図書館グッズ（写真21）を販売するのだが、古いモノへの懐かしさや憧憬からいまでも愛着を覚えるファンは多く、図書館総合展が近づくと「Facebook」上では、会場に行くことができない人から図書館仲間に向けて「私の分も買っておいて！」といったお願い投稿を見ることもある。

かつては実用品として現場で使われていた図書館用品が図書館グッズになり、図書館を愛する人々の懐かしさや愛着といったまなざしがそこに向けられる。この懐かしさや愛着はノスタルジアの一種である。図書館というやさしい光に包まれていた記憶。記号としてのノスタルジア――。

写真21　キハラの図書館グッズ（写真提供：キハラ）

キハラは一方で、日本図書館協会と協力して歴史的図書館用品の調査・収集・保存を二〇〇四年からおこなっている。このプロジェクトは「図書館の発展史上参考となる用品、家具、機器などを調査し保存する事業」であり、図書館発展史をひもとくうえでも重要な事業だといえる。

しかし、図書館グッズというノスタルジアは、歴史とは大きく矛盾したもので

写真22　書誌情報をコンピューターで管理するようになり、目にする機会が少なくなったカードケース（写真提供：キハラ）

ある。「歴史」は、時間の流れのなかでできるだけ客観的事実に接近しようという営みであるのに対して、「ノスタルジア」は、時間の流れからは切断された気持ちがいい世界にとどまる態度だといえる。人とモノの関係は、人とモノとの相互作用（インタラクション）によって培われていくものだが、記号としてのノスタルジアは、人とモノの関係から、相互に影響し合う動的な関係性の部分を除外していく。

ノスタルジア自体は、ファッション・デザインをはじめどこにでもあるものだが、とりわけ図書館での人とモノの関係やモノのデザインについて考えるとき、ノスタルジアによって切り取られた気持ちがいい世界が大きく占めているように感じるのだ。図書館でのプロダクト・デザインの批評が存在しない理由の一つがここにある。

キャラクター化するブックトラック

図書館グッズとは別に、図書館用品にはさまざまなモノがあるが、そのなかで最も身近なのがブックトラックだろう。ブックトラックとは本を運ぶのに使うキャスター付きのカートのことで、重い本の移動を頻繁におこなう図書館のなかでは、必要不可欠なプロダクトである。構造は、スチールのフレームに棚板と側板の構成でできていて、それにキャスターを付けたシンプルなものである。現在、多くの図書館で活躍しているブックトラックはスチール製が大半だが、かつては木製だった。天童木工や伊藤伊はいまでも木製のものを主に製造していて、キハラでも一部、木製のものを扱っている。

写真23　「「知」が創る「平和」――藤原帰一と見る世界」（東京大学本郷キャンパス総合図書館1F 大階段下、2014年）展示風景（撮影：李明喜）

　私は二〇一四年に東京大学附属図書館の展示デザイン「「知」が創る「平和」[12]」をおこなったのだが、その際にキハラから倉庫に眠っていた木製ブックトラックを提供してもらった。この古い木製ブックトラックは頑強さでは決してスチール製に負けておらず、いまでも十分に通用するものだった（キャスターはさすがに古かったので走行性は劣っていたが）。

　ブックトラックの構造はシンプルだが、図書館の現場での用途は多様で、本を運ぶためのカートとしての機能だけではなく、作業台や返却台として使用したり、展示用の棚として利用したりすることもある。ブックトラックは図書館で働く人々の「行為」を通じて本と書架をつなぐものであり、さらには利

1 有用性	2 利便性	3 魅力性
●素材、構造 ●走行性能 ●耐荷重 ●耐用年数 ●価格	●収納冊数 ●操作感（軽快さ） ●静音性 ●安全性 ●コンパクトさ	●意匠・造形 ●触感 ●色彩 ●ストーリー（キャラクター） ●拡張性（ICT との連携等）

図59 「製品の簡易評価方法」
（出典：山岡俊樹「製品の簡易評価方法」『論理的思考によるデザイン――造形工学の基本と実践』ビー・エヌ・エヌ新社、2012年）

用者とをもつなぐものだとも言える。そこでこのブックトラックをプロダクト（製品）としての評価方法という観点から考えてみよう。

ここでは、山岡俊樹『論理的思考によるデザイン』の「製品の簡易評価方法[13]」を参考にする。

写真24 キハラの木製ブックトラック（撮影：李明喜）

製品は、「有用性」「利便性」「魅力性」の三つの構成要素から評価される。有用性は製品の機能面や生産面、価格面、耐久性などを、利便性はわかりやすさや操作性、安心感、ユニバーサルデザインなどを、そして魅力性は美しさや新規性、雰囲気、色彩・形状などをそれぞれ指す。以下に、ブックトラックでの三つの構成要素に関わる項目を挙げてみる。

各メーカーのブックトラックをこれらの項目で比較したときに、有用性についてはほとんど大差がないと思われる。利便性については、キハラの電動パワーアシストブックトラック「ブンブン6」のような操作性に特化したものが一部あるのだが、価格面から簡単には導入できない。そうすると利便性についてもあまり差はつかない。それぞれの製品で利便性の違いはあるのかもしれないが、その差はほとんど伝わってはこない。

魅力性についてはどうか。ブックトラックのなかで、二〇一四年度のグッドデザイン賞を受賞したものがあるのをご存じだろうか。それはイトーキの「ブックトラックAT」である。

大八車を参考にしたという中央の大径車輪によって操作性と旋回性の向上を実現したということだが、それ以上にフラットパネルをベースにした本体部と大径車輪の組み合わせが印象的な、意匠性が高い製品となっている。この「ブックトラックAT」は、ほかのスチール製ブックトラックと比べて価格面ではさほど開きはなく、利便性と魅力性では他製品との差異化ができていると思うのだが、図書館の現場で見たことはない（私が訪問した図書館の数が少ないだけという可能性もある）。

サイズや色の違いはあれ、メーカーによる差がさほど大きくはないスチール製のブックトラックが占めるなか、目立っているのがくまモンやむすび丸などのキャラクターのブックトラックである。これはスチール製ブックトラックの両側板にオリジナルデザインのグラフィックシートを貼って、ほかにはないオリジナルブックトラックをつくることができる「ブックトラックプラス」というキハラのサービスだ。これらのキャラクター付きブックトラックは図書館の現場だけでなく、図書館総合展などのイベント会場でも活用されている（ARGでもブース展示に毎年使っている）。

地域のゆるキャラや、図書館のマスコットキャ

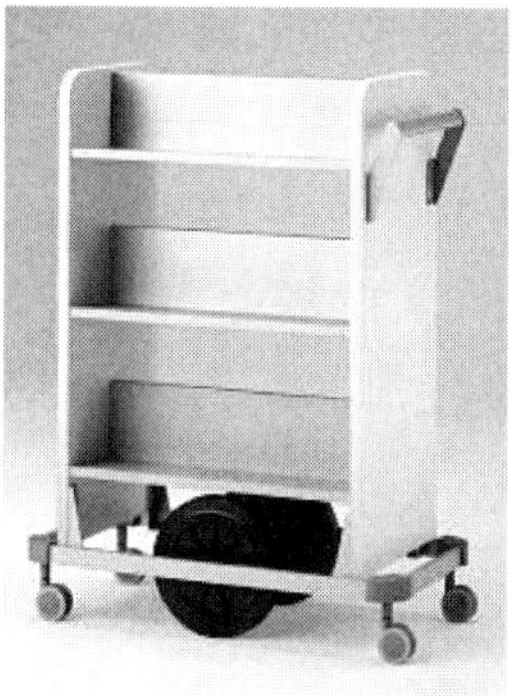

写真25　イトーキの「ブックトラックAT」CC BY-ND 2.1 JP（表示 - 改変禁止 2.1 日本）<00A9>JDP GOOD DESIGN AWARD（http://www.g-mark.org）

写真26　くまモンが側面に描かれたブックトラック（写真提供：キハラ）

ラクターによって癒やしや愛着を感じるという部分も多少あるとは思うが、くまモンたちは単なる媒介にすぎず、ここに現れているのはブックトラックそのもののキャラクター化である。キハラからブックトラック型のＵＳＢメモリーが発売されたこと、それが図書館関係者に大人気だったことも、ブックトラックのキャラクター化の流れの一例だと言えるだろう。そして、ブックトラックというキャラクターと過ごした時間が長いほど思い入れが強くなり、キャラクター＝ブックトラックへの愛着が増していく。

先ほど述べた「図書館グッズのノスタルジア」と「ブックトラックのキャラクター化」は、モノからふくらむイメージが、好意的な「ネットワーク」（後述）を形成するという意味できわめて近い現象だと言える。これ自体は図書館のプロダクト・デザインの状況を考えるうえで重要な側面の一つであることに間違いはないが、一方でノスタルジアやキャラクター化によって除外される、人とモノの相互関係という側面について、私たちはいま取り戻す必要がある。

ネットワークをデザインする

「製品の簡易評価方法」に照らし合わせて考えてみると、図書館グッズのノスタルジアやブックトラックのキャラクター化は、魅力性という構成要素のなかの「ストーリー（キャラクター）」という一つの項目についての話にすぎない。繰り返しになるが、これ自体は大変興味深い事象であり、これも図書館での「プロダクト・デザイン」を考えていくうえでは欠かせない視点である。ここではそれとは別の側面である、人とモノとの相互作用について考えてみよう。

人とモノの関係については、一九八〇年代以降、人類学や社会学とその周辺で研究が進んできた。背景としてあったのは、これまでの人間中心的な世界観への疑問だった。人間が主体としてモノの意味を付与するということだけではなく、モノが人の感情や行為を引き出すこともある。ここには主従関係やどちらが先といった観点はなく、まず関係があって個々の存在がある。これらの互いに影響を及ぼし合う存在を、人やモノや自然も含めてアクターと呼ぶ。アクター同士が結ぶ関係＝ネットワークがアクターそのものを変化させ、アクターは相互作用のなかでネットワークを構成していく。これをフランスの社会学者ブルーノ・ラトゥールによるアクター・ネットワーク理論と言う(14)。

私はプロダクト・デザインの方法として、このアクター・ネットワーク理論がヒントになるのではないかと考えている。モノをデザインするのではなく、人の体験をデザインするのでもなく、たとえば、ブックトラックのプロダクト・デザインを考えるときに、ブックトラックを通して相互にはたらきかけをおこなうすべての人やモノからなる関係性をデザインするとは、どういうことなのか。何をすれば関係性をデザインできるのか。

たとえば、フラッシュアイデアだが、製品開発のフロー（市場調査／企画／資金調達／設計／製造／流通／販売）にアジャイル的な開発手法「アジャイル・マニュファクチャリング」や参加型製品開発などを適時組み込みながら再構成する、ということが考えられる。より具体的には、ブックトラックにシングルボードコンピューターを取り付けてＩｏＴ（Internet of Things：モノのインターネット）のハブにすることで、関係性のデザインへの第一歩になる。図書館で働く人や利用者などの人はもちろん、本を中心としたさまざまなモノもブックトラックに集まってはまた離れていく。そしてブックトラック自体も図書館内のいたるところに動いていき、人の感情や行為にはたらきかけていく。

ケヴィン・ケリーが『〈インターネット〉の次に来るもの』[15]で書いたテクノロジーが持つ本質的な力は、ブックトラックがハブとなるアクター・ネットワークのなかでも作用する。アクセシング（接続していく）し、トラッキング（追跡していく）し、コグニファイング（認知化していく）し、インタラクティング（相互作用していく）し、ビギニング（始まっていく）する。これらの作用がもたらす変化によって、動的ネットワークをデザインすることができるかもしれない。

アクター・ネットワーク理論から人とモノの関係を捉え直すことは、プロダクト・デザインという枠のなかだけではなく、あらゆるデザインに関わることである。それと同時に、これまでのデザインのカテゴリーや区分を無効化するということでもある。人にもモノにも最も近いプロダクトのデザインが、図書館では「ノスタルジア」と「キャラクター化」によって閉じてしまっているという状況があり、その状況をいまこそプロダクトから考えるべきだと思っている。図書館のデザインの変革はブックトラックから始まる。

3▼▼▼これからの図書館・公共施設づくりと地域デザイン

地域デザインを取り巻く環境

第1節「図書館でのデザインとは何か?」でも書いたとおり、際限なく広がっていくようにみえるデザインの領域は、産業化の流れによって定義づけされた、デザインする対象の違いによる区分だった。これから述べる「地域デザイン」は、それらの産業構造による区分とは少し違う。地域デザインという言葉は近年、耳にすることが多くなったが、その言葉自体はかなり古くからあった。CiNiiで「地域デザイン」「出版年:古い順」で検索すると、「地域デザイン論」(16)(山岸政雄)という一九八七年の論文が出てくる。この論文(オープンアクセス)を読んでみると、都市景観や街並みとしての造形という観点から地域デザインという言葉が使われている。この時点での地域デザインはあくまでも地域での「都市デザイン」「建築デザイン」に限定したものを対象としていて、それは私たちがいま地域デザインという言葉から思い浮かべるイメージの一部にすぎない。二〇〇〇年代なかごろまで、同様の文脈のなかで使われることが主だったと思われる。

二〇一八年の現在、地域デザインという言葉はさまざまな場面に広がっている。都市計画では造形の話だけではなく、地域特有の課題解決のための大小さまざまなまちづくりの政策へと展開し、地域ブランドでは特産品の質による差別化だけではなく、特産品の背景にあるストーリーやパッケージなどの意匠性による差別化へと注目のポイントが広がっている。地域メディアは地理的な範囲としての地域の人々のつながりから、地域を超えたコミュニティーのつながりにまで広がり、ローカルメディアとも呼ばれるようになった。

またアートの領域でも、アートプロジェクト（地域アート）が地域振興の切り札として日本各地で盛んにおこなわれ、観光資源としてまちに根づいたり、コミュニティーの形成に効果をもたらしているケースも生まれているが、これも社会的課題へのアートによるアプローチということでソーシャルデザインであり地域デザインだとも言える。

このように多様な地域デザインだが、まずは地域資源を見つけ出し、そしてその可能性を引き出すことが基本になる。地域デザインという言葉がいまのように日常的に使われるようになる以前から、地域資源の可能性を引き出し、光を与えてきたクリエーターたちもいる。

その一人が、一九八〇年代から高知県を拠点に、一次産業とデザインをかけ合わせて新しい価値をつくり続けてきたグラフィックデザイナーである梅原真だ。かつおをワラで焼く土佐伝統の製法による「一本釣り・藁焼き鰹たたき」や、同じく高知県の砂浜しかない町で、その「砂浜」を美術館に見立てた砂浜美術館のデザインによって知られている。梅原はその土地の力を引き出し、なりわいのスイッチを入れて、そこになりわいが生まれることで地域の風景を持続させ、地域の風景をつくり出している。

もう一人、地域に光を与えるクリエーターとして知られているのがナガオカケンメイ。二〇〇〇年に設立した「D&DEPARTMENT PROJECT（ディアンドデパートメントプロジェクト）」で、「ロングライフ」をテーマに、四十七都道府県に一カ所ずつ拠点をつくりながら、「息の長い、その土地らしいデザイン」を紹介している。梅原の「持続する風景」、ナガオカの「ロングライフ」、いずれも「持続する」ことを大きなテーマとして取り組み、実際にプロジェクトを持続させていることが、ほかの多くのクリエーターやプロジェクトとは一線を画する。

一方、地域再生の名の下で、これまでさまざまな政策がおこなわれてきた。経済学者・飯田泰之は『地域再生の失敗学』[17]で、従来型の地域再生政策の多くは失敗であり、これを認めることが地域再生を考える出発点になる、と指摘している。そして、大規模なインフラ整備による経済政策が実効性を持たない現在、アイデアの総生産量を減少させないために人口密集地を維持することこそが地域再生のために必要だとも述べているが、この地域再生での戦術の変更は、ただ政策を立てるのではなく、どのように政策を立てるのか、どれだけアイデアのバリエーションを持てるかということで、まさにデザインが要請されるのではないか。

「デザインを経営の中核に」とか「デザイン思考で誰もがデザイナー」といった、デザイン側の無節操な領域の拡張と、社会の側からのデザインへの過度な期待の高まりという状況を踏まえると、地域再生とデザインは簡単につながりそうに見える。いや、意識的か無意識的かは別として、すでにつながっているからこそ、いまの地域デザインムーブメントがあるのかもしれない。

地域デザインとしての図書館

あらためて地域デザインの定義づけについて考えてみる。『最新現代デザイン事典』では、巻頭で「地域とデザイン」という特集を組んでいるのだが、その冒頭部分を一部引用する。

今日、『地域活性化』『地域振興』『まちづくり』『まちおこし』などと呼ばれる地域活動には、地方自治体が先導して行う大規模なものから市民有志によるものまでさまざまであり、その目的も都市計画から地域産業の振興、観光客誘致などと多様です。ここではとくに〈デザイン〉というフィルターを通すと、どんな地域像が見えてくるのか、また地域に対して〈デザイン〉がどんな貢献をなしうるのか、実例を通して考えます。[18]

この巻頭に続いて、地域デザインでの実践を「つくる」「つたえる」「つなぐ」「さぐる」の四つの区分に分けて紹介している。ここでは、地域デザインとは、これを基に「地域の資源を生かして、地域に貢献するデザイン」と位置づけるものとする。

「地域の資源を生かして、地域に貢献するデザイン」を実践している図書館は、すでにさまざまに紹介されている。二〇一四年三月に文部科学省が公開した「図書館実践事例集——人・まち・社会を育む情報拠点を目指して」[19]では、「連携」や「課題解決支援」「まちづくり」といったテーマ別に日本全国の事例が紹介されている。

たとえば「恵庭市人とまちを育む読書条例」を制定し、市民・家庭・地域・学校・市が一体となった読書によるまちづくりを進めている恵庭市立図書館や、「ことば蔵交流フロア運営会議」という誰でも自由に参加ができて、約束事や企画を参加者とともに決めていく場を設けることで地域の交流機能の拠点になっている伊丹市立図書館「ことば蔵」などは、図書館関係者にはよく知られた存在だろう。

このような事例は、岡本真が監修した『ささえあう図書館』[20]やすでに紹介している猪谷千香の『つながる図書館』、そしてARGが発刊する「LRG」といったさまざまな書籍や雑誌でも紹介している。地域を支える、あるいは地域をデザインする施設として図書館が、地域活性化の重要な役割を果たしていることが広く認識されるようになった。そういった事例をご存じない方は、ここで紹介したものにぜひあたっていただきたい。ここでは、私自身がARGのメンバーとして関わったプロジェクトにおける取り組みを例に、図書館や公共施設整備での地域デザインの可能性と課題について考える。

地域デザインでつくること──「別府市図書館・美術館整備基本構想策定等業務」での実践から

ARGは、二〇一六年九月から一七年三月までのおよそ七カ月間、「別府市図書館・美術館整備基本構想策定等業務」にあたった。

別府市は、源泉数・湧出量ともに日本一を誇る日本有数の温泉観光地として知られている。八つのエリアに分かれ、別府八湯と呼ばれる市内の温泉は、それぞれが特性を持ち、個別のエリアとし

写真27　「platform04-BEPPU PROJECT」（撮影：李明喜）
築100年の長屋の一室をアーティストのマイケル・リンと地元の建築家が再生した物件

ても全体としても、独特な魅力を放っている。また、日常的に使う風呂として温泉に浸かる地元住民と、観光や仕事で訪れる外からの人間が湯船で交じり合い、交流の場としても機能している。

温泉は別府市を支えてきた観光産業だが、一九七五年から八四年（昭和五十年代）をピークにそのあとは減少し続けていて（二〇一〇年代に入ってからは、回復傾向も見られる）、その理由として団体宿泊客に最適化した構造であるために、個人旅行の増加による観光スタイルの多様性に十分に対応できていないことなどが指摘されている。観光産業の落ち込みは、別府市中心市街地の活性化にも影を落としている。

そのような状況のなか、別府市では、地域資源である温泉や街並みを生かしながら新しい文化を創造していこうというプロジェクトが、民間の動きから展開している。その一つが「別府八湯温泉泊覧会（通称：オンパク）」である。オンパクは二〇〇一年から始まった、温泉文化を核とした体験型ツーリズムのイベントである。「世界一の温泉地で元気＋綺麗に！」をキャッチフレーズに、別府八湯エリアの各所で、温泉／健康・癒やし・美

／歩く／食をテーマにした体験交流型イベントを繰り広げ、多くの地元住民や観光客が参加するユニークなイベントになった。

このイベントの実行委員長として中心的役割を果たしたのが、ハットウ・オンパク、ジャパン・オンパク代表理事の鶴田浩一郎である。鶴田は第一回のオンパク終了後「ハットウ・オンパクはいずれなくなる。なぜならば、別府は一年三百六十五日がハットウ・オンパクの世界にならなくてはいけないからだ」というメッセージを残した。この言葉の奥には、梅原真の「持続する風景」やナガオカケンメイの「ロングライフ」と通底するビジョンがある。別府にしかない温泉文化という地域資源の新たな可能性を引き出し、光を当てる。まさに地域デザインの実践がこの別府にあった。

別府市での地域デザインの実践としてもう一つ重要なプロジェクトに、「BEPPU PROJECT」がある。「BEPPU PROJECT」は、二〇〇五年に別府市を拠点に活動を始めたアートNPOで、その目的を『混浴温泉世界』のなかで、以下のように記している。「社会の中におけるアートの価値を再発見し、あらたな意義や可能性を見出すことで、この場所でしか実現できないユニークな試みを、日常的に地域に提供し続けることこそが BEPPU PROJECT の目的である」[21]

地域社会でのアート、デザインの価値とは

BEPPU PROJECT は二〇〇五年の発足後、「アートNPOフォーラム」や「platform（中心市街地活性化を目的に、家主の協力のもとリノベーションをおこない、地域活動の交流拠点を制作したプロジェクト）」などの事業を重ね、〇九年には、「別府現代芸術フェスティバル2009「混浴温泉世界」」

を実施する。このように書くと「BEPPU PROJECTはアートでまちづくりをやっているんだね」と言われそうだが、そうではない。BEPPU PROJECTの代表理事でアーティストでもある山出淳也は、前掲『混浴温泉世界』のなかでこう述べている。「僕らは必ずしもまちづくりのためにアートを使っているわけじゃないんです。むしろ、社会におけるアートという新しい価値観や、価値そのものを紹介していくことが最大のミッション[22]」

山出のこの言葉は、「Happening」や「文化庁メディア芸術祭」の地方展などでまちなかを舞台にデザインをしてきた私にとっては、とても共感できるものだ。まちづくりにアートやデザインを利用するのではなく、目指すのは、アートやデザインにしかできない新しい価値を創造して、アートやデザインを通して可能性を創出していくことである。

プロポーザルの段階で、私たちはこの二つのプロジェクトについて、特に詳細にリサーチした。別府らしい図書館・美術館を整備するうえで、地域の日常をつくってきたこうした活動とどうつながっていくかが鍵になると考えていた。プロポーザルでの基本的な考え方にもそれを示している。「泉都別府の〈おもてなし〉の心やアートイベントなどで蓄積されてきた社会関係資本を施設づくりにも活用する」と。

当たり前のことではあるが、地域デザインは地域をリサーチすることから始まる。特に地域資源についてのリサーチでは、必ずフィールドワークをおこなうのもARGのリサーチ&デザインの基本である。事前にデータや地域文献などの調査・分析をおこない、そして現地を訪れて歩き、そこに暮らす人たちと話して、記録する。地元の人たちが通う喫茶店やカフェ、飲み屋で過ごすことも大事にしている。

ハットウ・オンパクの鶴田、BEPPU PROJECTの山出は、「別府市図書館・美術館整備基本構想検討委員会」の委員に任命され、立場こそ違うが一緒にプロジェクトに取り組むことになった。委員には教育や図書館、建築などの専門家が選出されたほか、公募で選ばれた市民代表や市内の三大学からそれぞれ一人の学生も含まれていて、別府の多様性を象徴するメンバー構成だった。

多彩なメンバーが集結したのだが、委員と私たちの間のコミュニケーションは、オープンでインタラクティブなものとはならなかった。背景には、公共施設整備での制度や条件による制限という問題がある。ただ、私たちが多様な委員の方々に対してコンセンサスを得るのに十分な言葉を紡ぐことができなかったという反省点も残った。多様なメンバーにも対応したオープンなコミュニケーションを生み出すインタラクション・デザインと、構造としての施設整備プロセスのリ・デザインは切り離すことができない課題である。

このような「会議のデザイン」もコミュニケーション・デザインだと言えるが、短い時間のなかでメッセージを送り、送られるというミクロなインタラクションを捉えるのはなかなか難しい。

「まち歩き」から図書館・美術館づくりを考えるワークショップ

同じくミクロなインタラクションの場でありながら、成果を比較的上げることができたこととして市民ワークショップがある。「まちから考える図書館・美術館づくりワークショップ」と名づけたこのワークショップでは、まちを歩く↓まちの魅力や課題を発見↓地図に記録↓協議・共有↓新しい施設やまちから生まれる体験を創造→協議・共有→発表、という流れをグループ単位でおこなった。

ＡＲＧが図書館や公共施設整備のプロセスとしてワークショップを実施する場合、原則としてまち歩きをする。日常のなかで利用される施設をつくるためには、当然のことながら、その周囲にある地域を考えなければならないし、人やモノや情報の流れやつながりを捉えることも必要になる。別府でもそうだったが、ほとんどの地方都市でまちなかを歩くという機会が減っている。しかし、こうしたワークショップでまち歩きをすると、見落としていることが思いのほか多くあることに気づく。

写真28　別府市図書館・美術館の整備に向けた地図づくりのワークショップ（撮影：李明喜）

別府の路地は、歩いて本当に楽しいところだ。みんなの社交場となっている温泉のすぐ手前に風俗店が集中していたり、その近くには日常化したアートの入り口になるショップがあったりする。また、そんな路地にサードウェーブ系の小さなコーヒースタンドがあり、その横で店の大家さんらしき人がなにやらやっていて、そんな姿をコーヒースタンドの若い店主が指さしながら「テラス早くつくってほしいんですけど、大家さん、気まままでいつ終わるかわかんないんですよ」と笑って教えてくれたりする。

ここには歩く速度でしか見えない景色があり、そこには時間を超えた地域資源が埋まっている。地域資源を再発見し、世代を超えた人々のなかで共有することから図書館・美術館づくりは始まる。再発見するものは、すべてがポジティブなものというわけではない。重い地域の課題を見つける場合もある。こうした可能性と課題を、協働性や身体性を伴うなかで発見し、プロセスそのものを共有することが大事なのである。このプロセスを経ることで、ワークショップの参加者が、図書館・美術館づくりに主体的に関わるきっかけにつながればと思っている。

別府でのワークショップの動画はウェブサイト（https://youtu.be/jtmmzqtBwqI）で公開しているので、関心がある方はぜひごらんいただきたい。

地域デザインの中心としての社会的相互行為

近年、日本でも注目を集めているアートの潮流に「ソーシャリー・エンゲイジド・アート（SEA）」と呼ばれるものがある。「SEAリサーチラボ」（ソーシャリー・エンゲイジド・アートを知り、学び、議論し、実践するためのリソースサイト）の定義づけによると、「ソーシャリー・エンゲイジド・アート（SEA）とは、アートワールドの閉じた領域から脱して、現実の世界に積極的に関わり、参加・対話のプロセスを通じて、人々の日常から既存の社会制度にいたるまで、なんらかの「変革」をもたらすことを目的としたアーティストの活動を総称するものである[23]」とある。

これだけを読むと、アーティストの活動であればアートでなくてもいいのかと思ってしまうが、実際、「それはアートなのか？　アートである必要があるのか？」というアートであることの必然性をめぐる批判も多い。森美術館チーフ・キュレーターの片岡真実はもう少しシンプルに、「社会の諸問題と向き合い、そこにいる人々の生活と深く関わることが本質にあるアート」と説明する。

私はソーシャリー・エンゲイジド・アートの中心要素である「社会的相互行為」が、地域デザインでも重要だと考える。象徴的行為ではなく、現実の社会的行為である。アートにしてもデザインにしても、どこにも属してはいなくて「あいだ」にあるものだと思う。どこにも属さない不安定な立ち位置だからこそ、現実の社会的相互行為にはたらきかけることができる。デザインにしかできない方法で、人々の日常に深く関わることができるし、図書館や公共施設づくりに「変革」をもたらすこともできると信じている。

注

（1）アンソニー・ダン／フィオナ・レイビー、久保田晃弘監修『スペキュラティヴ・デザイン 問題解決から、問題提起へ。——未来を思索するためにデザインができること』千葉敏生訳、ビー・エヌ・エヌ新社、二〇一五年

（2）同書

（3）原研哉『デザインのデザイン』岩波書店、二〇〇三年

（4）クラウス・クリッペンドルフ『意味論的転回——デザインの新しい基礎理論』小林昭世／川間哲夫

／國澤好衛／小口裕史／蓮池公威／西澤弘行／氏家良樹訳、エスアイビー・アクセス、二〇〇九年

(5) アリス・ローソン『HELLO WORLD——「デザイン」が私たちに必要な理由』石原薫訳、フィルムアート社、二〇一三年

(6) ポール・ランド述、Michael Kroeger『ポール・ランド、デザインの授業』三角和代訳、ビー・エヌ・エヌ新社、二〇〇八年

(7) 佐藤直樹『無くならない——アートとデザインの間』晶文社、二〇一七年

(8) 前掲『ポール・ランド、デザインの授業』

(9) 勝井三雄／田中一光／向井周太郎監修、伊東順二／柏木博編集委員『最新現代デザイン事典』平凡社、二〇一七年

(10) 同書

(11) 同書

(12)「「知」が創る「平和」——藤原帰一と見る世界」東京大学本郷キャンパス総合図書館、二〇一四年

(13) 山岡俊樹「製品の簡易評価方法」『論理的思考によるデザイン——造形工学の基本と実践』ビー・エヌ・エヌ新社、二〇一二年

(14) ブルーノ・ラトゥール『科学が作られているとき——人類学的考察』川崎勝／高田紀代志訳、産業図書、一九九九年

(15) ケヴィン・ケリー『〈インターネット〉の次に来るもの——未来を決める12の法則』服部桂訳、NHK出版、二〇一六年

(16) 山岸政雄「地域デザイン論」、金沢美術工芸大学編「金沢美術工芸大学学報」第三十一号、金沢美術工芸大学、一九八七年

（17）飯田泰之／木下斉／川崎一泰／入山章栄／林直樹／熊谷俊人『地域再生の失敗学』（光文社新書）、光文社、二〇一六年

（18）前掲『最新現代デザイン事典』

（19）「図書館実践事例集――人・まち・社会を育む情報拠点を目指して」（http://www.mext.go.jp/a_menu/shougai/tosho/jirei/index.htm）［二〇一八年八月二十一日アクセス］

（20）岡本真監修、青柳英治編著『ささえあう図書館――「社会装置」としての新たなモデルと役割』（ライブラリーぶっくす）、勉誠出版、二〇一六年

（21）芹沢高志監修、Beppu Project『混浴温泉世界――場所とアートの魔術性』BEPPU PROJECT、二〇一〇年

（22）同書

（23）「ＳＥＡとは」「ＳＥＡリサーチラボ」（http://searesearchlab.org/definition）［二〇一八年八月二十一日アクセス］

参考文献

廣瀬涼「キャラクター消費とノスタルジア・マーケティング――第三の消費文化論の視点から」、日本大学商学部編「商学集志」第八十六巻第一号、日本大学商学部、二〇一六年

梅原真『ニッポンの風景をつくりなおせ――一次産業×デザイン＝風景』羽鳥書店、二〇一〇年

パブロ・エルゲラ『ソーシャリー・エンゲイジド・アート入門――アートが社会と深く関わるための10のポイント』アート＆ソサイエティ研究センターＳＥＡ研究会訳、フィルムアート社、二〇一五年

梅原真デザイン事務所「thinking」「UMEBARA DESIGN OFFICE」（http://umegumi.jp/thinking/）［二〇

一七年九月十九日アクセス〕
D & DEPARTMENT「D & DEPARTMENTとは」(http://www.d-department.com/jp/about)〔二〇一七年九月十九日アクセス〕

〔付記〕本稿は、ARGが発行する図書館雑誌「LRG」第二十号（二〇一七年十月五日発行）の同名の特集に所収した「プロダクト・デザイン」「コミュニケーション・デザイン」「スペース（空間）・デザイン（建築・インテリア・場）」「地域デザイン」の論考から、「プロダクト・デザイン」「地域デザイン」を抜粋し、一部に加筆・修正したものである。

（り・みょんひ。アカデミック・リソース・ガイド株式会社取締役〔チーフ・デザイン・オフィサー（CDO）、最高デザイン責任者〕）

付録　再録「まえがき――図書館は知の番人だ」――『未来の図書館、はじめませんか？』から

「岡本さん、なぜそんなに図書館にこだわるんですか？」

これは私が最もよく聞かれる問いです。本書はこの問いへの、いつもの私の答え方からはじめてみたいと思います。

私は現在、アカデミック・リソース・ガイド（以降、ARG）の代表取締役を務めています。「アカデミック・リソース」とは、学術資源を意味します。社名は、一九九八年に個人で創刊したインターネットの学術利用をテーマにした週刊のメールマガジンの名称でもあり、現在も不定期で配信しています。また、学術的なインターネットの知見をいかに民間企業に広めていくかという活動を、インターネットサービスの企画、開発、運用、活用の研修、コンサルティングなどを通して展開している会社です。

私自身もかつてヤフーに勤務していて、「Yahoo! カテゴリ」の編集、「Yahoo! 検索」「Yahoo! 知恵袋」「Yahoo! 検索」のランキング、「Yahoo! 検索 スタッフブログ」「Yahoo! 百科事典」「Yahoo! ラボ」などの企画・設計・運用に従事していた実践者でもあります。

ここまでの短い文章で、「インターネット」と「学術」という言葉が、それぞれ三回も出てきていることからもわかるように、私は人生における多くの時間をインターネットと学術の交差点で過

ごしてきたと言えるでしょう。

そんな私が図書館の仕事をこの交差点に加えはじめたのは、二〇〇四年の国立国会図書館からの講演依頼がきっかけでした。当時はまだヤフーに在職していたころです。日本には、国立図書館、公共図書館、大学図書館、学校図書館、専門図書館という区分がありますが、この講演をきっかけにそれらの図書館でも話をする機会を得ました。

現在では講演だけではなく、図書館の設計段階から図書館づくりのアドバイザーやコンサルタントとして仕事をしています。具体的には、新しい図書館をつくる際に自治体に提出する整備基本計画や基本構想文書の作成のアドバイスや企画提案をおこなっています。また、「ライブラリー・リソース・ガイド」として、日本中の図書館での最新の知見をレポートする雑誌も発刊し、メディア活動にも従事しています。

そうしたなかで、私がいま最も興味と情熱を注ぐのは、公共図書館です。なぜ公共図書館か。それは私が図書館によって人生を変えられた市民であり、人間であるからにほかなりません。

私が生まれ育ったところは神奈川県のとある漁師町。小学校の近所の同級生はみな漁師の家でした。男は体で勝負、学問なんて必要ないという雰囲気のなかで生まれ育った小学生の私が生まれて初めて図書館と出合ったのは、神奈川県立金沢文庫でした。金沢文庫とは鎌倉時代中期の武将、北条実時が建設した「武家の文庫」がその出自です。近所には寺があり、その寺の池でザリガニをとって、中世以来の文書をたくさん収蔵している金沢文庫の図書室で郷土資料に触れて家に帰る、という生活が、私の本の世界との出合いでした。入館料は当時十円程度だったように思いますが、地元の子どもは顔パスでした。生まれ育った地域にある、源頼朝が服をかけた岩などを、本を通して知っていくことに面白さを見いだす小学生でした。

また、当時の金沢文庫は基本的には郷土資料館といった雰囲気でした（現在は文書館として整備されています）。郷土資料館は経営が難しく、自治体のお荷物扱いされがちな存在ではありますが、一方でそうした郷土資料に触れることを通して、知性の扉や社会への扉が開かれる市民がいることをここでは強調しておきたいと思います。

ずいぶん知的な子ども時代だったと思われるかもしれませんが、幼いころの好奇心はいろいろな方向を目がけて発揮されるものであり、私にとっては偶然、本が好奇心の向かう先だったにすぎません。その証拠に、高校時代には、学力で言えば学区内でワースト3にランクされるような高校に通っていました。好奇心は時と場合によっては、客観的知性そのものを育む原動力にはならないのです。

また、私の世代では、学区ごとの学力のギャップが非常に大きく、大学に行くことなど、当時の私は夢にも見ていませんでした。在校生の一定割合はドロップアウトしていくという、いわゆる荒れている高校に通っていました。それも、かつての学ランでタバコを吸いながら肩を切って歩くけんかっ早い高校生、といったものとは違い、無気力で、「とりあえず高校は出ておけ」と親に言われて来ているような生徒ばかりが隣に座っていました。

そんななか、再び図書館が私に人生の扉を開いてくれました。私が通っていたのは、横浜市立図書館金沢図書館です。金沢図書館は本当の意味で市民の図書館です。私の母親の友人らをはじめとする図書館設立当時の市民たちは、新しく区ができ、二十万人もの人口を抱えるようになるという状況下で「どうしてこの区には図書館がないのだ？」と、署名を集めて横浜市へ住民請願をしました。そうして生まれたのが金沢図書館だったのです。

人口が増えれば子どもも増える。小学校くらいの子どもが読む児童書一つとっても、言葉を読む力を養うには図書館は不可欠です。本をどれだけ読んでいるかは、小学校で実践されている音読に如実に影響し、ある種の聞く力にも結び付きます。さらには幅広い教養を身につけることにも、明らかな貢献をするでしょう。そうした〝知の足腰〟を培うには、幼児期の読書体験が重要になってくることはまちがいありません。この図書館としての重要な機能を、ベッドタウン化する街のなかで、住民請願でつくることができたというのはすばらしいことです。当時の、いわゆる市民運動が華やかな時代背景が想起されます。

高校時代の私は、この金沢図書館に通いながら、調査・研究をしていました。図書館は読書をする場だと思われがちですが、私はやはり調査や研究をするための場として活用できるべきだと考えています。この思いはこの当時の体験から出る理想なのでしょう。

なぜ調査・研究をしていたかというと、社会問題の研究会サークルを立ち上げて、雑誌を発行していたからです。書きたい人が集まって、書きたいことを書くいわゆる文筆サークルでした。雑誌名は「LIFE」。ぼろは着ていても心は錦（とはいえ、雑誌名は完全な〝パクリ〟なのですが）な雑誌でした。

あるとき、私はこのサークル活動の一環として、金沢図書館で在日アメリカ軍が管理していた旧小柴貯油施設について調べていました。この旧小柴貯油施設は、私が小学二年生のころ（一九八一年）に爆破炎上し、大ニュースになったことで全国に知れ渡った旧日本軍以来の施設です。高校生になり、あのときの大事件を調べだした私は、金沢図書館に収蔵されていた当時の防衛庁が公開していたアメリカ軍基地関係の資料を読み漁りました。そして、石油や飛行機用のガソリン燃料の貯蔵量が何ガロンあったのか、戦中・戦後にどういった目的で使われてきたかを徹底的に調べ上げ、高校の文化祭で発表しました。すると、その発表が新聞にも取り上げられるという、思わぬ反響を得たのです。

当時は高校生がこうした活動をすること自体が珍しかったのかもしれませんが、私にとっては図書館の「調べる力」のすばらしさを実感した出来事でした。もし図書館に出入りしていなければ、もっとパチンコ屋に出入りしていたでしょうし、シュレッダーのごとくにお金を吸い込んでいく玉貸機に千円札を投入していたにちがいありません。

そしてこの出来事は「大学に行けば、こうしたことがもっとできるのかもしれない」と、私を大学進学へと導きました。しかし、やる気になるには高校三年生では時すでに遅し。大学入学にはその後一年間の浪人生活を余儀なくされました。

その後、私はＩＣＵ（国際基督教大学）に進学します。ＩＣＵで驚かされたのは高水準の図書館でできることの多さと質の高さでした。ＩＣＵは「図書館は大学の心臓である」というアメリカの大学のつくり方に基づいているため、キャンパスの中枢に図書館があります。そして、キャンパス内のどこへ行くにも必ず図書館を通らなければならないように設計されていました。

貸し出し冊数の制限はもちろん、ありません。専門書も多く、洋書も充実しています。そうした図書館を利用していくにつれて、私は日常的な読書のための利用とは違う経験をしていくことになりました。つまり、卒業論文やレポートを書くために必要な百冊くらいの本が常に手に入り、さらにそれぞれの書物で必要な部分をすぐに参照できる環境が身近にあるという経験です。図書館として最も理想的でリッチな体験を存分に味わいつくしたと言えるでしょう。余談ですが、私はおそらく同学年でいちばん本を借りていたにちがいありません。一日遅れると十円課金の延滞料は、卒業までに十万円程度にふくらんでいました。まさに主食・本という学生生活でした。

こうした、私の青春時代までの図書館での体験で共通しているのは、それぞれのライフステージにおいて、一生かかっても読みきれないほどの無数の本に圧倒される瞬間との邂逅です。歴史、人間、科学、美術、世界、そして宇宙……。それら人間の知の営みが収められた本が、眼前にくまなく広がる瞬間を目の当たりにしたとき、人は世界の広さや知識世界の深さを知ることができます。この知的衝撃に遭遇する体験を提供するというのは、図書館、さらには本そのものの非常に重要な機能だと思います。

イギリスやアメリカの大学図書館を見てみれば、それは顕著なことです。「知識の殿堂をつくる」という先人たちの営みが、どうやって登るかもわからないような高い壁面にまで収められた書物が象徴しています。本が無数にある空間は、人の世界を押し広げる力があります。

しかし、私は大学を卒業すると、こうした圧倒的な図書館体験から切り離されてしまうことになりました。住まいの近くの公共図書館の蔵書数の少なさに直面したのです。私は危機感を感じました。何かの問題に対して市民が研究活動をしたいと思ったときに、十分に機能できる公共図書館が身近にないという状態は市民にとって、さらには日本という国そのものにとって、どうしても健全な状態とは思えなかったのです。それが「自分の世界が広がるような図書館を、日本中につくりたい」というモチベーションになり、いまの私の仕事につながっています。

しかもいままで述べてきた私の個人的な経験は、主に都市部での経験です。地方に行けば状況はますます深刻でしょう。個人の書斎ほどの広さしかない図書館が、利用できる唯一の図書館である地域も少なくありません。さらには、そもそも書店が存在しない地域もあります。出版不況も相まって、大型書店も出店規模を縮小しているのです。せめてそのときに図書館が役に立っていれば……と常々思っています。

圧倒的な量の書物に出合う経験は、自分が知っている知識・情報世界を押し広げます。「世の中は知らないことばかりだ」「この世界では、バッタについてだけで本を書いている人もいるのか」といったことに気づくことができる唯一の機会です。そして、図書館はそうした経験を守り、受け継いでいく「知」の番人なのです。そうした図書館こそを私は広めていきたいですし、絶やしたくないと思っています。

人生の選択機会を増やすためにも、こうした大きな知識や社会を、広がりを知っていくことは必要です。資源がない日本ではさらに重要でしょう。人に対する投資をおこなう以外、この国には活路はないのですから。
本書では、知を守り、育み、そして創り出していく図書館のいまとこれからについて、私が日頃感じている思いのすべてを書き綴りたいと思います。

そして、図書館づくりの実践者にとって、本書がよりよい図書館の未来を開くためのメッセージになれば……。本書の書名にはそんな気持ちが込められています。

図書館のつくり方における名著として、たとえば菅谷明子さんが約十年前に書いた『未来をつくる図書館――ニューヨークからの報告』(〔岩波新書〕、岩波書店、二〇〇三年)があります。続いて、猪谷千香さんが書いた『つながる図書館――コミュニティの核をめざす試み』(〔ちくま新書〕、筑摩書房、二〇一四年)では、菅谷さんが問題提起をおこなってからの十年間で日本の図書館に何が起きたかが非常によくレポートされています。

本書では、猪谷さんが本のなかでまさに問いかけている「あなたのまちにはどんな図書館が必要ですか?」という問題への一つの実践的な仮説を提示したいと考えています。

このお二人の本を読めば、誰しも「よい図書館」が自分のまちにも必要だという意識が芽生えるものです。本書ではそのときに「では、どうすればよい図書館をつくることができるのか?」という現実的で実務的な問題を、実践者と目線を合わせながら、試論していきたいと思います。

ARGが関わった図書館整備・図書館運営支援の業務一覧

整備支援

1、富山市西町南地区公益施設整備事業支援（富山市立図書館）(2012年度―13年度）※2015年開館

2、長崎県県立・大村市立一体型図書館及び郷土資料センター（仮称）整備基本計画策定支援（2013年度）

3、須賀川市（仮称）市民交流センター整備事業支援（2013年度―）※2019年1月開館予定

4、名取市新図書館建設に係るアドバイザー（2014年度―15年度）※2018年開館

5、気仙沼図書館災害復旧事業・気仙沼児童センター整備支援（2014年度―15年度）※2018年開館

6、港区芝5丁目複合施設等整備基本構想・基本計画策定支援（新三田図書館）（2014年度―15年度）

7、港区芝5丁目複合施設整備基本設計支援（新三田図書館）（2016年度）

8、和歌山市民図書館基本計画策定支援（2015年度）※2019年開館予定

9、神戸市立三宮図書館移転に係るコンサルティング（2016年度）

10、別府市図書館・美術館整備基本構想策定支援（2016年度）

11、境港市民交流センター（仮称）新築工事基本設計支援（2016年度）

12、富谷市次世代型図書館づくりに向けた市民参加ワークショップ事業支援（2016年度）

13、西ノ島町コミュニティ図書館基本計画・基本設計・実施設計策定支援（2016年度―）※2018年開館

14、板橋区立中央図書館基本設計・実施設計支援（2017年度―）

15、富谷市次世代型図書館づくり計画骨子策定支援（2017年度）
16、新智頭町立図書館整備基本構想・計画策定支援（2017年度）
17、（仮称）東松戸図書館仕様書作成支援（2017年度）
18、指宿から全国へ！本のある空間を届けるブックカフェプロジェクト支援（2017年度―）
19、新沖縄県立図書館移転・配架計画策定支援（2017年度）
20、（仮称）新富谷市民図書館整備基本構想（案）を活用した市民参加事業支援（2017年度）
21、松原市新図書館建設事業支援（2017年度―）
22、（仮称）くろべ市民交流センター管理運営計画策定支援（2017年度―）
23、新智頭図書館建設に関するアドバイザリー業務（2018年度）
24、新静岡県立中央図書館基本計画策定支援（2018年度）
25、柏市図書館のあり方策定支援業務（2018年度）
26、（仮称）富谷市民図書館整備基本計画策定及び設計プロセス策定支援業務（2018年度）
27、松戸市立図書館あり方検討支援（2018年度）
28、県立長野図書館「信州・学び・創造ラボ」空間デザインコンセプト検討ワークショップ支援（2018年度）
29、四万十町文化的施設検討委員会ワークショップ運営等支援（2018年度）

運営支援

1、政令市図書館の未来をつくる浜松市立中央図書館市民ワークショップ開催支援（2017年度）
2、掛川市立図書館未来構想ワークショップ開催支援（2017年度）
3、足立区立図書館サービスデザイン研修実施支援（2018年度）

システム構築・運用支援

1、京都府立総合資料館統合データベースシステム仕様検討支援（2012年度）※2015年公開

２、千代田区図書館システムリプレイスコンサルティング（2015年度）

各種委員委嘱など

岡本真への委嘱など

１、総務省デジタル資産活用戦略会議ウェブ情報利活用ワーキンググループ構成員（2004年度）

２、神奈川県立図書館アドバイザー（2007年度、13年度）

３、図書館総合展運営委員会委員（2008年度―）

４、東京都立図書館協議会委員（2009年度―12年度）

５、国立国会図書館デジタル情報資源ラウンドテーブル（2009年度―11年度）

６、総務省関東総合通信局地域住民参加型デジタルアーカイブの推進に関する調査検討会（2010年度）

７、save ＭＬＡＫプロジェクトリーダー（2010年度―）

８、神奈川の県立図書館を考える会主宰者（2012年度―）

９、総務省地域情報化アドバイザー（2012年度―）
　秋田県、横手市、宮城県、名取市、柴田町、佐野市、松川村、中津川市、白山市、大阪市、瀬戸内市、津山市、山口市、福智町、長与町、日出町、指宿市、沖縄市、恩納村、久米島町の地域情報化（デジタルアーカイブ構築、オープンデータ推進、新図書館整備など）に従事

10、総務省ＩＣＴ地域マネージャー（2013年度―15年度）
　恩納村文化情報センター、沖縄市立図書館の新施設整備における情報化支援に従事

11、総務省「東日本大震災アーカイブ」基盤構築プロジェクトラウンドテーブル構成員（2012年度）

12、佐賀県これからのまなびの場のビジョン検討懇話会委員（2013年度―14年度）

13、埼玉県新県立図書館在り方検討有識者会議委員（2014年度）

14、須賀川市市民交流センター管理運営協議会アドバイザー（2016

年度―）
15、静岡県立中央図書館整備の検討に関する有識者会議委員（2016年度）
16、新静岡県立中央図書館整備の検討に関する有識者会議委員（2017年度）
17、一般社団法人減災ラボ理事（2017年度―）
18、武蔵野市図書館基本計画策定委員会委員（2017年度―）
鎌倉幸子への委嘱など
１、東京都立図書館協議会委員（2017年度―18年度）
２、図書館総合展運営委員会委員（2013年度―）
３、ＮＰＯ法人本の学校理事（2018年度―）

※事業者の立場としては業務依頼は委託が原則ですが、内容や意義を考慮して、委員やアドバイザーの委嘱を受けることもあります。

［著者略歴］
岡本 真（おかもと・まこと）
1973年、東京都生まれ
アカデミック・リソース・ガイド株式会社（ARG）代表取締役、プロデューサー
ヤフーで「Yahoo! 知恵袋」のプロデュースなどを担当し、2009年に起業して現在に至る。日本各地で図書館のプロデュースに関わる
著書に『ウェブでの〈伝わる〉文章の書き方』（講談社）、共著に『未来の図書館、はじめませんか？』『図書館100連発』（ともに青弓社）、共編著に『ブックビジネス2.0――ウェブ時代の新しい本の生態系』（実業之日本社）など

未来《みらい》の図書館《としょかん》、はじめます

発行――2018年11月2日　第1刷
定価――1800円＋税
著者――岡本 真
発行者――矢野恵二
発行所――株式会社青弓社
〒101-0061 東京都千代田区神田三崎町3-3-4
電話 03-3265-8548（代）
http://www.seikyusha.co.jp
印刷所――三松堂
製本所――三松堂

ISBN978-4-7872-0069-3　C0000